政策司法化研究

刘晓鸣——著

法律出版社 LAW PRESS · CHINA
北京

图书在版编目(CIP)数据

政策司法化研究 / 刘晓鸣著. -- 北京 : 法律出版社, 2023
ISBN 978 - 7 - 5197 - 8429 - 4

Ⅰ. ①政… Ⅱ. ①刘… Ⅲ. ①社会政策 - 研究 - 中国 Ⅳ. ①D601

中国国家版本馆 CIP 数据核字(2023)第 190665 号

政策司法化研究
ZHENGCE SIFAHUA YANJIU

刘晓鸣 著

责任编辑 薛 晗 王 斓
装帧设计 汪奇峰

出版发行 法律出版社
编辑统筹 法商出版分社
责任校对 王晓萍 王语童
责任印制 胡晓雅
经 销 新华书店

开本 A5
印张 7.625 **字数** 191 千
版本 2023 年 12 月第 1 版
印次 2023 年 12 月第 1 次印刷
印刷 北京虎彩文化传播有限公司

地址:北京市丰台区莲花池西里 7 号(100073)
网址:www.lawpress.com.cn
投稿邮箱:info@lawpress.com.cn
举报盗版邮箱:jbwq@lawpress.com.cn
销售电话:010 - 83938349
客服电话:010 - 83938350
咨询电话:010 - 63939796

书号:ISBN 978 - 7 - 5197 - 8429 - 4
定价:58.00 元
凡购买本社图书,如有印装错误,我社负责退换。电话:010 - 83938349

资助说明　基金项目

2022 年度教育部人文社会科学研究规划基金项目“政策在司法中运用的实证考察与优化路径研究”(22YJA820013)资助。

本书系 2022 年度教育部人文社会科学研究规划基金项目“政策在司法中运用的实证考察与优化路径研究”(22YJA820013)结项成果和 2022 年度河南省哲学社会科学规划年度项目“生态环保政策在司法中的运用研究”(2022BFX0009)阶段性成果。

序 一

有志者，事竟成。踏上学术之路的刘晓鸣博士继成功申请、获批教育部人文社会科学研究项目之后，其第一部个人学术专著《政策司法化研究》即将出版，真是可喜可贺！值其专著出版之际，谨以下短文为序。

政治和法治的关系是社会主义法治建设的根本问题，是法学理论的核心问题。透视政治和法治的内在关系，可以看出政治对法治具有根深蒂固的影响，可谓“每一种法治形态背后都有一套政治理论，每一种法治模式当中都有一种政治逻辑，每一条法治道路底下都有一种政治立场。”〔1〕

在我国，政治和法治的关系集中体现为党和法的关系。习近平总书记指出：“党和法的关系是政治和法治关系的集中反映。”〔2〕“党和法的关系是一个根本问题，处理得好，则法治兴、党

---

〔1〕 习近平：《在省部级主要领导干部学习贯彻党的十八届四中全会精神　全面推进依法治国专题研讨班上的讲话》（2015 年 2 月 2 日），载中共中央文献研究室编：《习近平关于全面依法治国论述摘编》，中央文献出版社 2015 年版，第 34 页。

〔2〕 习近平：《在省部级主要领导干部学习贯彻党的十八届四中全会精神　全面推进依法治国专题研讨班上的讲话》（2015 年 2 月 2 日），载中共中央文献研究室编：《习近平关于全面依法治国论述摘编》，中央文献出版社 2015 年版，第 34 页。

兴、国家兴；处理得不好，则法治衰、党衰、国家衰。”[1]当今世界，绝大多数国家实行政党政治，政党是政治力量的代表，国家政权掌握在执政党手中并由执政党运作，执政党的基本理论、基本路线、基本纲领、基本政策深刻影响着法律制度、法治体系及其运行。所以，无论在理论逻辑，还是现实生活中，政治和法治的关系都集中体现为党和法的关系。在我国，党和法的关系是一致的、辩证的：一方面，社会主义法治必须坚持党的领导；另一方面，党的领导必须依靠社会主义法治，“全面推进依法治国，要有利于加强和改善党的领导，有利于巩固党的执政地位、完成党的执政使命，绝不是要削弱党的领导”。[2]

在法治实践中，党和法的关系又集中体现为政策和法律的关系。政策是执政党为了实现经济和社会发展战略目标或实现某一时期、某一方面的任务而作出的政治设计或决策，一般说来事关经济、政治、文化、社会、生态环境的发展目标和战略措施等问题，这些问题具有全局性和根本性。法律是国家制定、认可或批准的各类规则的总和，具有国家强制力、权威性以及长期性、稳定性等特征。在我国，共产党的政策和国家的法律是两种最重要的社会调整机制。政策和法律各有自己的优势，各有自己的调整方式和范围。一种社会关系，究竟是由政策来调整，还是由法律来调整，要以其性质和特点来决定。新中国成立以来，经过数十年的实践探索，我国形成了既依靠政策又依靠法律治国理政的格局。在全面依法治国新时代，随着中国特色社会主义法律体系不断完善，我们

---

〔1〕 习近平：《在省部级主要领导干部学习贯彻党的十八届四中全会精神 全面推进依法治国专题研讨班上的讲话》（2015年2月2日），载中共中央文献研究室编：《习近平关于全面依法治国论述摘编》，中央文献出版社2015年版，第33页。

〔2〕 习近平：《加快建设社会主义法治国家》，《求是》2015年第1期。

走上了主要依靠法律治理国家的新道路，但这并不排除政策的作用。法律不是万能的，法律只是许多社会调整方法的一种，法律的作用范围不是无限的，也并非在任何问题上都是适当的。法对千姿百态、不断变化的社会关系和社会生活的涵盖性和适应性不可避免地存在一定的限度。法律实施需要人财物等支撑条件，有些法律的实施成本很高。由法律的这些局限性所决定，治国理政必然需要继续发挥政策的指导和调整作用。

习近平总书记精辟指出，必须正确认识和处理政策和法律的关系，“我们党的政策和国家法律都是人民根本意志的反映，在本质上是一致的。党的政策是国家法律的先导和指引，是立法的依据和执法司法的重要指导。要善于通过法定程序使党的主张成为国家意志、形成法律，通过法律保障党的政策有效实施，确保党发挥总揽全局、协调各方的领导核心作用。党的政策成为国家法律后，实施法律就是贯彻党的意志，依法办事就是执行党的政策。”〔1〕当然，由于政策具有因地制宜、因时制宜、侧重指导的特点，而法律具有普遍性、统一性、连续性、稳定性、规范性等特点，二者在实践中不可避免地会出现矛盾、发生冲突；但是，有矛盾和冲突并不意味着二者就是不相容的，要及时调整政策或修改法律，使之协调一致，同时要努力确保法律和政策一体实施。

政策和法律的关系突出体现在司法工作中，因此必须正确认识和处理政策和法律的关系。人民法院在审判工作中既要以事实为根据、以法律为准绳，又必须以政策为指导，也就是说既要不折不扣地适用法律，又要切实贯彻执行党的政策。党的政策对司法

〔1〕 习近平：《在中央政法工作会议上的讲话》（2014年1月7日），载中共中央文献研究室编：《习近平关于全面依法治国论述摘编》，中央文献出版社2015年版，第20页。

具有全局性、宏观性指导意义。以宽严相济的刑事政策为例，党的十八大以来人民法院判处死刑（特别是立即执行）的案件比十八大之前大幅度减少，原因就在于党的政策的引领和导向作用。一个基本事实是：我国刑法关于死罪的构成要件没有实质性变化，严重刑事犯罪案件有增无减，然而人民法院判处死刑的案件却大幅度减少。这是因为在我们党提出了宽严相济的刑事政策，并把它作为司法改革的重要内容。贯彻宽严相济的刑事政策，在刑事审判中一方面要对涉黑涉恶罪犯、严重暴力罪犯、累犯和犯罪集团首犯、主犯等依法从严惩处，以维护社会稳定、增强人民群众的安全感，另一方面要尽可能少杀、慎杀，不能一味地定格判刑。还有，当下，非监禁刑（监外执行）适用的比例不断提高，这也是贯彻党的宽严相济的刑事政策的结果，是为了最大限度地减少对抗因素，最大限度地增加和谐因素，而对于犯罪情节轻微、主观恶性不深、社会危害不大的初犯、偶犯、未成年犯、老年犯、妇女犯，对于因民间纠纷引起的轻微刑事案件，在坚持严格执法、有罪必究的前提下，依法从宽裁量、从宽处理的方式之一就是采用非监禁刑。上述司法实践充分说明政策是法律的灵魂，政策对于法律的实施具有指导意义。同时，与法律相比，政策更具有灵活性和针对性，更能够及时反映社会发展的实际情况、回应社会的急需，因此，在审判工作中时常需要以政策为指导对相关法律作出司法解释，而在审理新奇案件、疑难案件等复杂案件时，由于没有相关法律规定，党的政策可以起到法理以填补法律空白的作用。

然而，司法实践中人民法院如何正确执行党的政策、法官如何将政策引入司法裁判、不同层级的人民法院在执行党的政策方面有什么机制上的差异等，这些问题时常困扰着法院领导和法官，也困扰着司法理论工作者，是颇具政治敏感、理论难度和实践困惑的问题。作者刘晓鸣基于其深厚的法学、政治学、司法学理论基础以及丰富的法院工作经验，从法律政治学的视角，以法学和政治学理论和方法为基础，通过对最高人民法院工作报告、最高人民法院发布的司法解释、司法文件、网上公布的裁判文书、指导性案例的梳理分析，通过对部分法院审判工作的观察分析，并通过法官访谈途径听取法官的感受和体会，求得第一手资料，获得规律性认识，对政治与法治、政策与法律、党与法、党的领导与司法权依法独立公正运行进行了深入研究，创造性地提出“政策司法化”概念，以此作为破解难题的理论突破。

“政策司法化”是“政策法律化”的法理延展和重要补充，是具有很强解释力和穿透力的概念和命题。全书围绕“政策司法化”这一主题，论述了政策司法化的理论基础、叙述了政策司法化的现状、分析了政策司法化存在的现实问题及其缘由，提出了优化政策司法化的着力点，诸如提升最高人民法院转化政策的能力、健全地方法院执行政策的机制、提高法官运用政策的水平，以提升人民法院政策司法化的规范化、程序化和法治化。具体来说，(1)在最高人民法院转化政策层面，首先，应当加强和规范司法解释，增强司法解释的合法性与谦抑性；其次，改进司法政策的目标性与功能性，提高最高人民法院回应政策的能力；最后，加强指导案例的科学性与规范性，使之在通过个案解读法律和统一法律适用标准方面发挥独特作用。在地方法院执行政策层面，通过健全利益诉求的融合机制、健全政策执行的沟通机制、健全政策执行的监督和评估机制，矫正地方法院执行政策偏差的现象。(2)在法官具体运用政策层面，应当破解法官运用政策的思想误区，规范法官在刑事审判中运用政策的方式，同时增强法官在民事审判和行政审判中对政策进行充分说理，将党的政策科学有效地运用于司法审判，全面提升司法公信力。

实践不断前进，理论探索永无止境。在坚持全面依法治国、推进法治中国建设的新征程上,在建设公正高效权威的社会主义司法制度的历史进程中,政治和法治、党和法、政策和法律、政策指导和法律适用的关系必将呈现出新的特点,政策司法化模式和途径亦将出现新的变化。这都必然要求法学研究工作者不断深化研究,持续完善政策司法化的体制机制方式方法,在法治的轨道上全面推动中国式司法现代化。希望作者百尺竿头更进一步,不断加强政策司法化的政理、法理、哲理研究,进一步提出健全政策司法化体制机制的真知灼见。

张文显

2023 年 1 月 1 日于净月书屋

序二

作为中国特色社会主义法治体系的重要组成部分,人民法院不仅具有“定分止争”的审判功能,而且还扮演着党的政策实施者的政治角色,承担着将党的政策司法化的使命和任务。政策司法化,即人民法院以司法解释、司法文件、指导性案例等为载体,将党的政策转化为司法政策并运用于司法审判全过程的实践活动。

近年来,人民法院服务大局的政治性不断被强化。宏观层面上,最高人民法院积极响应党中央提出的“乡村振兴”“脱贫攻坚”“生态环境保护”“建设创新型国家”等一系列国家战略,为经济社会全面协调发展提供司法服务和保障。中观层面上,地方各级人民法院执行最高人民法院的司法政策,同时根据地方党委工作大局形成政策性司法文件,服务于全国和地方的经济社会发展。微观层面上,法官在准确适用法律的同时,将党的政策融入司法审判,以实现案件法律效果和社会效果、政治效果相统一。

然而,司法实践中存在一系列的争论和困惑。如:法院如何正确执行党的政策、如何处理好法律与政策的关系,法官如何将政策引入司法裁判,这些既是根本性的理论问题,亦是长期困扰法官的实践问题。“政策司法化”既是法学理论问题,亦是政治学理论问题,目前对这一问题的研究仍属于一个“初被探索的领域”。基于此,本书从法律政治学的视角,以法学和政治学理论为基础,通过对最高人民法院工作报告、最高人民法院发布的司法解释、司法文件、网上公布的裁判文书、指导性案例的梳理分析,以及对部分法院审判工作的观察分析,并通过法官访谈听取法官的感受和体会,力求以第一手资料为依据,探究政策司法化的历史经验和教训,研判政策司法化的现实状况,科学理性地分析现阶段政策司法化的问题与困点,并在此基础上提出政策司法化的优化路径。

从卢曼的社会系统理论来看,党的政策属于政治系统的组成部分,法院的司法审判活动属于法律系统的组成部分。政策司法化,本质上属于法律系统和政治系统之间的互动过程。从中国的政法体制来看,中国共产党在政策司法化过程中发挥重要的领导与推动作用,形成了具有中国特色的"高位推动"的政策执行模式。

在政策司法化过程中,最高人民法院将党的政策通过一定的方式转化为司法政策以指导司法审判,其所扮演的是一个"政策制定者"或"政策转化者"的形象。最高人民法院主要通过制定司法解释、司法文件和发布指导性案例等方式转化党的政策。地方法院作为地方党委领导的政法单位,其所依赖的资源,一方面来源于上级法院的供给,另一方面来源于司法场域外同级党委的供给;因此,地方法院在政策司法化过程中,主要是执行最高人民法院的司法政策以及地方党委的经济社会政策。在政策司法化过程中,法官在准确适用法律的同时,通过在司法裁判中考量与运用政策,将政策融入司法审判。

通过对最高人民法院工作报告、网上公布的裁判文书的梳理分析,以及通过法官访谈听取法官感受和体会,可知:法院执行党的政策不但可以体现在宏观层面最高人民法院将司法工作置于党和国家的工作大局之中,以及中观层面地方各级法院对党的政策和司法政策的执行中,而且还体现在微观层面法官的政策思维和裁判行为中。

目前，无论是最高人民法院、地方法院，还是各级法院的法官，在政策司法化过程中均存在一些亟须纠偏的问题。这些问题不仅妨碍了党的政策科学有效地转化为司法政策，还影响着人民法院的审判质效和司法公信力。具体来说，在最高人民法院层面：一是以转化党的政策为要义的某些司法解释缺乏法理基础，有时甚至作不适当的扩张解释；二是政策司法化的模式相对僵化，有时过于突出和强调司法政策的意识形态特征，简单化回应党的政策，消解了司法政策本应具有的符合司法规律和司法技术的特征。在地方各级法院层面：有的地方法院及其法官未能正确把握“服务大局”与“地方保护主义”之间的界限，亦未掌握好地方治理与个案处理合法性的平衡。二是受利益偏差、监督机制不健全、信息沟通机制不完善等因素的影响，有些地方法院运动式、放大式、选择式执行政策。在一线法官层面，由于缺乏法治理念和政策思维，有些法官在司法裁判中错误地理解和运用党的政策：一方面表现为在裁判文书中简单化地运用政策，缺乏对政策的充分说理；另一方面表现为直接引用政策条文作为裁判依据，致使政策与法律冲突，损害了法律权威和司法公信力。

针对政策司法化存在的上述问题，应从提升最高人民法院转化政策的能力、健全地方法院执行政策的机制、提高法官运用政策的水平三个方面，提升人民法院政策司法化的规范化和法治化。具体来说，在最高人民法院转化政策层面：首先，应当加强和规范司法解释，增强司法解释的合法性与谦抑性；其次，改进司法政策的目标性与功能性，提高最高人民法院回应政策的能力；最后，加强指导性案例的科学性与规范性，使之在通过个案解读法律和统一法律适用标准方面发挥独特作用。在地方法院执行政策层面，通过健全利益诉求的融合机制、健全政策执行的沟通机制、健全政策执行的监督和评估机制，矫正地方法院执行政策偏差的现象。

在法官运用政策层面,首先应当破解法官运用政策的思想误区,并在此基础上,规范法官在刑事审判中运用政策的方式;同时增强法官在民事审判中对政策的充分说理,将党的政策科学有效地运用于司法审判中,全面提升司法公信力。

刘晓鸣

2023 年 9 月

目录

导　论

一、对政策司法化进行研究的意义

我国的政治体制决定了人民法院作为国家权力运行系统中的一个部门,承担着将党的政策司法化的使命和任务。政策司法化,即人民法院以司法解释、司法文件、指导性案例等为载体,把党的政策转化为司法政策并运用于司法审判全过程的实践活动。新中国成立以来,人民法院审判工作中始终存在重大理论争论问题和实践困惑。例如:法院应当“严格司法”还是“能动司法”,即应当依法独立严格适用法律,还是以“服务大局”为中心?如何评判审判工作的质效,是以定分止争、惩恶扬善的“法律效果”为唯一、首要的标准,还是以“法律效果、社会效果、政治效果有机统一”为评价标准?如何处理好“维权”与“维稳”的关系,是在明辨是非的基础上依法维护当事人合法权益,还是以“维稳为要”而搞折中主义裁判?这些争论和困惑的背后是一系列根本性政治和法治理论问题,即如何定位人民法院的性质与功能,如何认识和处理法治与政治的关系、法律与政策的关系以及人民法院依法独立行使审判权与坚持党对法院工作的绝对领导的关系。就当前司法实践层面来说,就是如何在法院审判工作中正确理解和执行党的政策,上升到理论范畴即如何在中国特色社会主义法治理论的指导下推进政策司法化。

如何对待党的政策、如何正确执行党的政策、如何处理好法律与政策的关系,既是根本性的理论问题,亦是长期困扰法官的实践问题。无论是在观念上还是在司法实践中,混淆党的政策与法律的界限的现象依然存在。目前司法实践中存在两种错误倾向:一种是将司法裁判简单化地理解为纯粹的法律适用问题,排斥党的政策对司法裁判的指导,忽视甚至抵制司法裁判的政治效果;另一种过于强调政策的作用,强调服务和服从党政工作大局,造成政策冲击法律甚至违背司法规律的现象。针对司法实践中出现的上述问题,需要以科学、正确的政治观、法治观、司法观作出应对。政策司法化问题本质上是如何正确认识和处理党的政策与司法审判的关系的问题。政策司法化亦是一个极具中国特色的理论命题。对于这个问题的研究,域外经验和理论资源相对有限,我们必须从中国国情和司法实际出发,以中国特色社会主义司法理论为指导,准确把握中国国情和中国司法的客观规律,科学认识和精确处理其中的辩证关系。

对政策司法化进行研究具有重要的理论意义,具体而言:其一,丰富和创新中国特色社会主义司法理论和法治理论。中国特色社会主义司法理论和法治理论是人民法院司法审判的指导思想和根本遵循。对政策司法化的实践经验进行系统梳理和理论提升,必将深化、拓展我国的司法理论研究,为中国特色社会主义司法理论和法治理论提供新的理论观点,至少是宝贵的理论资源。其二,丰富和发展马克思主义政党理论。政策司法化是中国共产党依法执政、领导和支持司法的生动体现,是中国特色社会主义制度的优势之一。通过研究政策司法化,把党在司法领域行使领导权和执政权的经验,人民法院贯彻执行党的政策的做法、经验和理念理论化、体系化、当代化,必将极大地丰富和发展马克思主义政党理论,提高党依法执政的能力和水平。其三,推进法律政治学学科建设。政治和法治、政策和法律、党的领导与依法独立行使审判权是法律政治学的基本范畴、核心议题、前沿理论，而政策司法化集中体现了这些问题。因此，对政策司法化的理论和实践问题进行深入分析讨论，对于法律政治学知识体系、理论体系、学科体系建设至关重要，必将极大地丰富法律政治学理论，为我国法律政治学的发展提供有力的学理支撑。

政策司法化研究也具有重要的现实意义，具体来说：首先，解决中国司法实践中具体的现实问题。例如法院在司法实践中如何正确处理党的政策与法律的关系，当党的政策与法律发生冲突时，如何使之协调一致，做到统一正确实施党的政策与法律。其次，有助于加强和改善党对司法的领导。党的政策指导是党领导司法工作的重要方式之一，研究政策司法化，有助于理解党的领导与法院依法独立公正行使审判权的辩证关系，对于加强和改善党对司法的领导具有重要意义。最后，长远来看，政策司法化的研究有助于推动中国特色社会主义司法制度不断完善，推动司法治理体系和治理能力现代化。

基于此，本书从法律政治学的视角，以法学和政治学理论为基础，通过对最高人民法院工作报告、最高人民法院发布的司法解释、司法文件、网上公布的裁判文书、指导性案例的梳理分析，以及通过法官访谈听取法官感受和体会，力求以第一手资料为依据，探究政策司法化的历史经验和教训，研判政策司法化的现实状况，科学理性地分析现阶段政策司法化的问题与难点，并在此基础上提出政策司法化的优化路径。

二、关于政策司法化的研究现状

“政策司法化”的研究历史和现状，呈现出相互关联的四个层面：第一个层面为宏观层面，主要围绕“法律与政治”等基础理论展开。第二个层面围绕“我国司法的政治属性”的相关议题展开，主要探讨“中国共产党对司法的领导”“中国特色社会主义司法的政治性”“司法的政治功能”等议题。第三个层面围绕“政策与司法”的相关议题展开，主要探讨公共政策如何进入司法裁判。第四个层面围绕“政策司法化的载体”的相关议题展开，主要探讨“司法解释”“司法文件”“指导性案例”中有关“司法政策”的问题等。

(一)关于“法律与政治的关系”的研究

1. 法律政治学视域下的“法律与政治的关系”的研究

中国政治学和法学的关系经历了一个从法学被政治学全面统治到法学寻求学科独立，再到政治学和法学相互协同发展的过程。法律政治学作为法学和政治学的交叉学科，其理论研究的前提性问题即“法律与政治的关系”。

我国学者对法律政治学的研究尚未完全展开，只有个别学者注重从法律政治学的视角对“法律与政治的关系”进行研究，如张文显教授、卓泽渊教授、姚建宗教授、王立峰教授等。张文显教授认为“法是国家意志的体现，与政治联系十分紧密，一方面法直接受政治的制约；另一方面法对政治的功能乃是不容抹杀的客观存在，法协调政治关系，规范政治行为，促进政治发展”〔1〕。卓泽渊教授在其专著《法政治学》中描述了法政治学的学科特征，分析了法政治学的学科定位和基本理论，他认为“政治是法律的基础，法律是政治的规则”〔2〕。张文显教授与卓泽渊教授对法律与政治关系的认知可归属于马克思主义法律观，即“法律从属于政治、服务于政治”。姚建宗教授从法律与政治共同的公共属性入手，论证了

---

〔1〕 张文显主编：《法理学》，高等教育出版社2003年版，第291页。

〔2〕 卓泽渊：《法政治学》，法律出版社2005年版，第29、34页。

法律与政治的共生关系，并阐释了法律自身的政治逻辑。他认为："法律与政治是共生的。法律的存在与运作始终体现着政治逻辑主线。"[1]王立峰教授的《基于"法律与政治关系"的中国法政治学的前提性问题批判》一文，从核心范畴提炼切入，论证"法律与政治的关系"作为法政治学学科定位前提性问题的重要意义。[2] 王立峰教授在其《法政治学的核心范畴研究——以布迪厄的"场域理论"为视角》一文中以布迪厄的"场域理论"为研究视角，认为权利与权力分别构成了法律与政治的核心范畴，并提出应当以"制度化的权利与权力"设定法政治学的问题域。[3]

近年来，随着中国共产党领导下的法治建设的深入推进，以执政党为核心的政治活动和以法律实施为核心的司法实践关系更加密切，从而为法律政治学研究提供了更丰富的素材。对政策与法律的研究，从最初单纯研究党的政策与法律的关系发展到探讨党内法规、某一领域的政策与司法的关系等，呈现出实证化和微观化的发展方向。一方面，我国学者对于法政治学的研究呈现出实证化研究趋向。2019 年初颁布的《中国共产党政法工作条例》，以党内法规的形式明确了党中央对政法工作的绝对领导，引起部分法学和政治学者的广泛关注和研究。如于晓虹、杨惠《党政体制重构

[1] 姚建宗教授认为，政治作为法律的存在根基、现实目的、实践背景和发展动因，一方面反映出法律对于政治事实上和逻辑上的依赖性，另一方面反映出政治对于法律在事实上和逻辑上的控制与决定性。参见姚建宗：《法律的政治逻辑阐释》，载《政治学研究》2010 年第 2 期。

[2] 参见王立峰：《基于"法律与政治关系"的中国法政治学的前提性问题批判》，载《江海学刊》2015 年第 3 期。

[3] 王立峰教授认为，权利与权力分别构成了法律与政治的核心范畴，权利与权力的紧密关联性体现于法律场域与政治场域之中。政治权力源于法律的赋予，所以政治权力也要求法律的保障。参见王立峰：《法政治学的核心范畴研究——以布迪厄的"场域理论"为视角》，载《社会科学研究》2013 年第 3 期。

视阈下政法工作推进逻辑的再审视——基于〈中国共产党政法工作条例〉的解读》、段瑞群《政法领域党内法规体系化建构研究——以〈中国共产党政法工作条例〉文本为例》、黄文艺《中国政法体制的规范性原理》等。以上学者从政法工作的运行机制、推进逻辑等方面对我国的政法体制进行了深入研究。另一方面,随着司法与公共政策研究的兴起,法律政治学研究向微观化方向发展,从更加微观、细致的视角分析司法实践中的政策。

2. 以“卢曼社会系统理论”为视角研究“法律与政治的关系”

卢曼的社会系统理论对于认识法律和政治的关系具有一定的参考意义,可以深化和丰富对“法律与政治”关系的认识与理解。[1] 有部分学者以“卢曼社会系统理论”为视角分析了我国法律与政治的关系。例如,泮伟江指出,政治系统和法律系统通过宪法将各自二值代码化运作的悖论“外部化”,政治系统与法律系统通过宪法互相刺激、互相依赖、共同演化。[2] 张海涛从党内法规的视角,提出党内法规通过党政联合发文等规范形式进入法律系统之中,由此既激扰法律系统又接受来自法律系统的知识反馈,成为政治与法律的结构耦合机制。[3]

(二)关于“司法与政治的关系”的研究

针对“司法与政治的关系”这一研究主题,国内外学者分别呈现出了不同的研究倾向与研究进路。

---

〔1〕 卢曼认为社会功能高度分化使社会子系统“运作自成一体”,“运作上的封闭”体现了系统的自主性,而系统的不自足性又刺激了“认知上的开放”,法律系统与政治系统间由此出现了互相激扰和信息过渡的结构耦合。

〔2〕 参见泮伟江:《宪法的社会学启蒙——论作为政治系统与法律系统结构耦合的宪法》,载《华东政法大学学报》2019 年第 3 期。

〔3〕 参见张海涛:《政治与法律的耦合结构:党内法规的社会系统论分析》,载《交大法学》2018 年第 1 期。

西方学者对司法与政治关系的研究经历了法律现实主义、批判法学和新法律现实主义三个阶段。具体而言:以卢埃林和弗兰克为代表的法律现实主义者认为,司法的运作深受政治、社会等方面的影响,法官实际上是在根据政策和标准价值观创造法律。以R. M. 昂格尔为代表的批判法学者认为,美国法律制度表面上是“中立”或“非政治性”的,但其本质只不过是穿着制服的政治,司法机关是政治机关实现公共政策的工具。〔1〕 20世纪末,新法律现实主义兴起,以波斯纳为代表的新法律现实主义者认为,法院是国家政治的重要组成部分,尽管法官在一般情况下会采取法条主义的决策模式,但是,法官的决策有可能会忠实地反映某政党的纲领,也有可能反映某种政治意识形态。〔2〕 法律推理将政策作为其所依据的一种规范,同时运用政策也是实现法律判决合理性的重要措施。当法官无法在法律内进行解释时,法官就会用政策来决定案件。〔3〕 此外,新自然法学派的代表人物德沃金认为,政策是司法裁判中的重要标准。法官在处理疑难案件时,往往不是规则而是原则和政策起作用。〔4〕 社会法学派鼻祖庞德认为,“法律是一种非常特殊的社会控制形式,它与当局的权威性命令相协调,并在司法和行政程序中得以运用”〔5〕。以拉斯韦尔和麦克道尔为代表的政

---

〔1〕 参见[美]R. M. 昂格尔:《现代社会中的法律》,吴玉章、周汉华译,译林出版社2001年版,第193页。

〔2〕 参见[美]理查德·A. 波斯纳:《法官如何思考》,苏力译,北京大学出版社2009年版,第140页。

〔3〕 参见[美]理查德·A. 波斯纳:《法理学问题》,苏力译,中国政法大学出版社2002年版,第39页。

〔4〕 参见[美]罗纳德·德沃金:《认真对待权利》,信春鹰、吴玉章译,中国大百科全书出版社1998年版,第40-41页。

〔5〕 [美]罗斯科·庞德:《通过法律的社会控制》,沈宗灵译,商务印书馆1984年版,第22-24页。

策法学者认为,"法律判决应当被看成是对社会进程中价值变化的突然事件的回应,需要法官进行政策选择"[1]。

国内学者对于"司法与政治的关系"的研究形成了三种路径:

第一,从中国特色社会主义司法的政治性考察,对"中国共产党对司法的领导"进行了深刻的分析与探讨。例如张文显教授对中国共产党领导司法的模式从"以党代法"到"依法执政"的转变历程进行了总结,并指出司法改革必须在党的统一领导下有序推进,发挥党中央和省级党委在司法改革中"总揽全局、统筹各方"的领导作用。[2] 封丽霞教授运用历史研究方法对改革开放后中国共产党与司法关系形成的诸多历史环境、时代背景进行了回顾,并对中国共产党领导司法的历程进行了总结与评价。[3]

第二,从司法的政治功能、司法运作的政治逻辑,研究司法的政治性。例如,陈琦华教授认为,中国当代司法政治功能的内涵即司法为民,其价值在于解决法官行使自由裁量权的大局观问题。[4] 方乐则从纠纷解决与美好生活的角度,分析了转型中国司法的政治意涵。[5] 苏力所著《送法下乡:中国基层司法制度研究》以及汪

---

[1] [美]E. 博登海默:《法理学:法律哲学与法律方法》,邓正来译,中国政法大学出版社2004年版,第199页。

[2] 参见张文显:《司法改革的政治定性》,载《法制与社会发展》2014年第6期;张文显:《人民法院司法改革的基本理论与实践进程》,载《法制与社会发展》2009年第3期。

[3] 参见封丽霞:《政党、国家与法治——改革开放30年中国法治发展透视》,人民出版社2008年版,第50页。

[4] 参见陈琦华:《当代中国司法政治功能内涵及其价值》,载《政治与法律》2013年第1期。

[5] 方乐认为,司法通过纠纷的处理来达成多元价值和利益的基础性共识,进而整合起秩序重建所需的基础性社会资源,从而推动和塑造有德性的公民以及更有尊严的生活。参见方乐:《纠纷解决与美好生活——转型中国司法的政治意涵》,载《江海学刊》2020年第3期。

庆华所著《政治中的司法:中国行政诉讼的法律社会学考察》对我国法院运作的政治逻辑进行了考察与分析。[1] 傅郁林、季卫东、张友连、左卫民、侯猛等学者均从研究最高人民法院角色的角度出发,深刻剖析了我国司法承担的政治功能。[2]

第三,从应然层面研究“司法与政治关系”的合理定位。例如,杨建军教授认为,司法政治职能的有效发挥需通过司法运作机制来实现。[3] 最高人民法院原副院长江必新对理性处理司法与政治关系的基本原则进行了探讨。[4]

(三)关于“司法裁判与公共政策”的研究

“司法裁判与公共政策”一直是学者们关注的热点问题,学者们从不同角度对“司法裁判与公共政策”这一议题进行了深入剖析与探讨:

第一,从公共政策介入司法裁判的路径考察司法裁判中的公共政策。例如张红论述了最高人民法院的公共政策创制功能,最

---

〔1〕 参见苏力:《送法下乡:中国基层司法制度研究》,中国政法大学出版社 2000 年版,第 23 页;汪庆华:《政治中的司法:中国行政诉讼的法律社会学考察》,清华大学出版社 2011 年版,第 35 页。

〔2〕 参见傅郁林:《论最高法院的功能》,载《中外法学》2003 年第 5 期;季卫东:《最高人民法院的角色及其演化》,载《清华法学》2006 年第 1 期;张友连:《公共政策与最高人民法院的角色——以关于汶川、玉树和舟曲的通知为分析对象》,载《法律科学(西北政法大学学报)》2011 年第 5 期;左卫民等:《最高法院研究》,法律出版社 2004 年版,第 388 页;侯猛:《中国最高人民法院研究——以司法的影响力切入》,法律出版社 2007 年版,第 173 页;侯猛:《最高法院公共政策的运作:权力策略与信息选择》,载《北大法律评论》2005 年第 2 期。

〔3〕 参见杨建军:《法治国家中司法与政治的关系定位》,载《法制与社会发展》2011 年第 5 期。

〔4〕 参见江必新:《正确认识司法与政治的关系》,载《求是》2009 年第 24 期;江必新:《司法与政治关系之反思与重构》,载《湖南社会科学》2010 年第 2 期。

高人民法院通过“作为裁判说理依据”及“制定司法解释”两种渠道将国家政策引入民事裁判。[1] 方乐分析了公共政策作为司法裁量依据以及司法话语资源进入司法的两种方式，同时指出公共政策进入司法存在一定的风险，在此基础上提出公共政策司法风险的规避机制。[2] 孙学致、郑倩对政策考量如何转化为裁判理性进行了深入探讨，指出法院审判体制与法律教义学是约束政策考量的基本保障和必要条件。[3] 宋亚辉以涉外贴牌生产案件为例证，论证了经济政策对法院裁判思路的影响，同时分析了政策进入司法裁判的司法技术，即“法律解释技术”“漏洞补充技术”“原则裁判技术”。[4] 此外，他还指出最高人民法院通过“社会效果”这一概念，构建了公共政策的司法转介机制，借此将党和国家的公共政策输送到司法审判过程。[5]

第二，分析具体领域的政策对于司法裁判的影响。如刘思萱以我国企业改革政策为切入点，分析司法回应政策的具体形态以及可能出现的弊端，在此基础上强调司法回应政策的理性构建。[6] 黄韬从金融政策的角度，阐释了“金融安全”话语扮演着公共政策向司法政策转化过程中的桥梁角色。[7] 潘军锋从经济政策对合同

---

[1] 参见张红：《论国家政策作为民法法源》，载《中国社会科学》2015 年第 12 期。

[2] 参见方乐：《司法参与公共治理的方式、风险与规避——以公共政策司法为例》，载《浙江社会科学》2018 年第 1 期。

[3] 参见孙学致、郑倩：《生成于法条与政策之间的裁判理性》，载《吉林大学社会科学学报》2013 年第 2 期。

[4] 参见宋亚辉：《经济政策对法院裁判思路的影响研究——以涉外贴牌生产案件为素材》，载《法制与社会发展》2013 年第 5 期。

[5] 参见宋亚辉：《追求裁判的社会效果：1983—2012》，载《法学研究》2017 年第 5 期。

[6] 参见刘思萱：《论政策的司法回应——以 1979 年以来我国企业改革政策为例》，载《社会科学》2012 年第 4 期。

[7] 参见黄韬：《“金融安全”的司法表达》，载《法学家》2020 年第 4 期。

审判以及侵权审判影响的角度,分析了经济政策司法融入的样态,进而提出构建经济政策司法融入的宏观机制与微观机制。[1]

第三,以具体案例为例证分析司法裁判中的公共政策。廖永安、王聪以“电梯内劝阻吸烟案”为切入点,兼顾法教义学与社科法学两种视角分析法院的裁判逻辑,指出法院在该案中采取后果主义的裁判进路实现了执行公共政策的目标。[2] 孟融基于涉及社会主义核心价值观的案例,提炼出法院通过司法裁判实施公共政策的两种方式,即“发布典型案例”和“将公共政策作为裁判说理依据”。[3] 张友连、陈信勇以最高人民法院公报中的侵权案例为分析对象,考察了侵权案件中公共政策的实现方式。[4]

(四)关于“法院执行政策的载体”的研究

近年来,我国法学界开始对法院执行党的政策或公共政策的载体这一问题予以关注,并产生了一些研究成果。学者们主要从以下几个角度对这一问题进行阐释:

第一,从司法解释的角度研究法院执行政策的载体。例如,宋亚辉从最高人民法院制定司法解释的角度分析了公共政策进入司法裁判的过程,指出司法解释是最高人民法院转化公共政策的重

---

〔1〕 参见潘军锋:《论经济政策的司法融入——以政策在民事审判中的介入机制为研究路径》,载《法制与社会发展》2012年第1期。

〔2〕 参见廖永安、王聪:《法院如何执行公共政策:一种实用主义与程序理性有机结合的裁判进路——以“电梯内劝阻吸烟案”为切入点》,载《政治与法律》2019年第12期。

〔3〕 参见孟融:《中国法院如何通过司法裁判执行公共政策——以法院贯彻“社会主义核心价值观”的案例为分析对象》,载《法学评论》2018年第3期。

〔4〕 参见张友连、陈信勇:《论侵权案件裁判中的公共政策因素——以〈最高人民法院公报〉侵权案例为分析对象》,载《浙江大学学报(人文社会科学版)》2013年第1期。

要载体。[1] 丰旭泽反思了最高人民法院通过司法解释制定公共政策的方式,并建议放弃通过司法解释制定公共政策的方式,改为通过司法程序制定公共政策。[2] 卫磊认为,刑事政策进入社会治理的微观路径依赖刑法司法解释,刑法司法解释将在刑事政策与刑法规范之间发挥纽带作用。[3] 刘思萱总结了司法解释回应政策的三种模式,即政策作为解释法律的重要参考、政策决定司法解释的立与废、司法解释成为协调政策与已有法律规定冲突的中介。[4]

第二,从司法文件的角度研究法院执行政策的载体。孟融以法院为"一带一路"建设提供保障的司法文件为分析对象,将我国法院执行公共政策的三大机制总结为贯彻机制、反思机制、创制机制,同时指出这三种机制体现着我国法院在实践中运作的政治逻辑根基。[5] 陈迪提出应建立司法政策性文件的政治—技术二元生产机制,将司法政策性文件区分为表态型文件与业务型文件,以满足不同的功能,遵循不同的运作逻辑。[6] 安晨曦认为,司法政策性文件的生成逻辑在于中国的政法传统和文件政治,其在政法逻辑下成为实现国家治理的工具;她还从规范性司法文件的权威体系与概念分层的角度出发,论述了司法政策性文件遵循司

[1] 参见宋亚辉:《公共政策如何进入裁判过程——以最高人民法院的司法解释为例》,载《法商研究》2009 年第 6 期。

[2] 参见丰旭泽:《论通过司法程序制定公共政策——兼论最高人民法院司法解释模式的转型》,载《政治与法律》2015 年第 1 期。

[3] 参见卫磊:《当代刑事政策发展的实践路径——以刑法司法解释为视角》,载《华东政法大学学报》2013 年第 4 期。

[4] 参见刘思萱:《论政策回应型司法解释》,载《法学评论》2013 年第 1 期。

[5] 参见孟融:《我国法院执行公共政策的机制分析——以法院为"一带一路"建设提供保障的文件为分析对象》,载《政治与法律》2017 年第 3 期。

[6] 参见陈迪:《最高法院司法政策性文件研究》,载《西部学刊》2020 年第 13 期。

法的政治逻辑,是公共政策执行体系中的专属概念。[1] 郭松从司法文件类型与功能、效用与困境的角度,阐释了我国司法文件的中国特色。[2]

第三,从指导性案例的角度研究法院执行政策的载体。廖丽环分析了司法解释与指导性案例在公共政策参与中的同源性和差异性,并在此基础上阐释了指导性案例的比较优势。[3] 王绍喜认为,指导性案例的政策引导具有一定的限度,法院应当正确理解和实现指导性案例的政策引导功能。[4] 张友连以弱者保护的公共政策为例,从指导性案例中公共政策因素的正当性、公共政策实现的显性途径和隐性途径、指导性案例中公共政策因素的边界分析了指导性案例中的公共政策因素。[5] 彭宁指出司法解释、司法批复和司法案例分别形成了最高人民法院实施公共政策的"立法"模式、"行政"模式和"司法"模式,并剖析了既有的三种司法治理模式的诸多弊端,提出将指导性案例作为未来司法治理模式的发展方向。[6]

综上所述,虽然国内外学者在政策司法化研究成果方面提供

---

〔1〕 参见安晨曦:《规范性司法文件的权威体系与概念分层》,载《甘肃政法学院学报》2020 年第 2 期;安晨曦:《司法文件:法律虚置后的裁判非正式规则——规则供给与文件政治的二重读解》,载《湖北社会科学》2016 年第 9 期。

〔2〕 参见郭松:《司法文件的中国特色与实践考察》,载《环球法律评论》2018 年第 4 期。

〔3〕 参见廖丽环:《最高人民法院参与公共政策的路径选择》,载《烟台大学学报(哲学社会科学版)》2018 年第 4 期。

〔4〕 参见王绍喜:《指导性案例的政策引导功能》,载《华东政法大学学报》2018 年第 5 期。

〔5〕 参见张友连:《论指导性案例中的公共政策因素——以弱者保护为例》,载《法学论坛》2018 年第 5 期。

〔6〕 参见彭宁:《最高人民法院司法治理模式之反思》,载《法商研究》2019 年第 1 期。

了丰厚的理论和学术资源,拓展了党的政策与国家法律、党的政策与司法审判关系的研究,是深入推进政策司法化研究的良好基础,但是现有研究存在一些明显的缺陷和不足。第一,有些研究脱离中国特色社会主义制度和法律体系、党的领导体制,泛泛而谈党的政策与法律的关系、党与司法的关系,未能从根本上阐释我国政治体制总体框架内二者的辩证关系。第二,某些研究从实然的现实层面进行的微观分析,未能深刻把握政策对司法的指导,政策在法理意义上作为审判法律渊源的独特地位,以及政策对个案的规制作用。第三,有些研究聚焦最高人民法院制定司法政策的过程分析和文献分析,但是对地方法院在区域范围内政策导向方面的作用关注不够,而政策的一大特点就是因地制宜。第四,有些研究套用国外"三权鼎立"体制下政治(政策)与司法的关系,与中国特色社会主义司法制度和实践的特殊规律脱节。第五,通过检索可以发现,国内外学者关于政策司法化研究的成果中,真正把法院执行党的政策论题提炼为"政策司法化"概念和命题并加以理论研究的文献非常匮乏。在中国期刊网中检索,以"政策司法化"为主题的论文只有 7 篇,且其中的研究仅停留于这个概念本身。由此,可以说,"政策司法化"的研究仍属于一个"未被探索的领域"。这一现状可以说明本书研究的主题是一个非常前沿、特殊的问题。第六,政策司法化既是一个法学理论问题,也是一个政治学理论问题。然而,目前多数研究要么是从纯粹的法学视角,要么是从纯粹的政治学视角分析。只有把法学和政治学的理论和方法有机结合起来,运用法律政治学的新视野新方法,方能深化和拓展这一重大论题研究,取得更具有科学价值和实践意义的成果。

基于此,本书秉持法律政治学这一交叉学科的视野、方法和理论范式,注重理论与实践的紧密结合,以最高人民法院发布的司法解释、司法文件、指导性案例、具有普遍意义的裁判文书、最高人民法院工作报告为主要实证资料，并通过法官调查与访谈，力求通过多进路、多层次、多元化的研究，科学理性地分析政策司法化的问题，并提出政策司法化的优化路径，以提高人民法院执行党的政策的能力，从而提升人民法院执行党的政策的效果，推动司法治理体系和治理能力现代化。

三、本书的写作思路与整体框架

党的领导和厉行法治，党的政策和国家法律，司法的政治属性与法治属性，是政治与法治关系的集中体现，人民法院在司法工作中贯彻执行党的政策是上述集中体现的重要切面。对上述关系和这些切面的研究，是中国法学、政治学、政党学研究的核心议题，也是一大理论难题。政策司法化这一研究议题具有政治学和法学的双重属性。以往学者们的研究要么专注于法学视角和方法，要么专注于政治学视角和方法；而本书以政治学和法学的理论和方法为一体化理论和方法论，并努力将双重视角和方法融为法律政治学的研究范式，对政策司法化进行无学科差别的政法研究，强调政策司法化既体现政治逻辑又体现法治思维，避免法学或政治学单一学科视野狭窄的缺陷。此外，本书借鉴吸收国内外相关研究方法的有益思路，在政治系统、法律系统、政法体制中确立研究对象，既把政策司法化作为一个整体，阐述政策司法化的一般规律以及历史与现实的基本特征，又从宏观、中观、微观三重视野，分别考察和论述最高人民法院转化党的政策的基本方式和主要载体，地方法院执行党的政策和司法政策的途径和方法，法官个体在审判工作中运用党的政策和司法政策，努力达到法律效果、政治效果和社会效果相统一。同时，本书也实事求是地分析了最高人民法院转化政策，地方法院执行政策，法官运用政策中存在的突出问题。

针对政策司法化这一研究主题，本书的研究遵循理论分析、实证考察、问题发现、提出对策的基本思路。这种思路可以归纳为“应然”和“实然”两个维度，前者侧重于对“政策司法化的基础理论”进行阐述，后者侧重于对“政策司法化的现实问题”进行考察，并在此基础上综合运用法律政治学的理论和方法，提出优化政策司法化的路径，以推进更高水平的司法文明。

本书的整体框架为：

第一章聚焦政策司法化的理论构建，对政策司法化的理论问题进行专题研究。首先从基本概念“党的政策”“司法”“司法政策”“政策司法化”等的语义分析和意义分析入手。在对上述基本概念予以界定后，对政策司法化涉及的“政治系统与法律系统的关系”“党的政策与国家法律的关系”“司法的政治属性与政治功能”“党的领导与依法治国的辩证关系”分别予以阐释。这些内容构成了政策司法化的理论基础。其后分析了政策司法化的实践基础，即中国的政法体制。最后归纳出政策司法化的主体及方式，即最高人民法院将党的政策转化为司法解释、司法文件、指导性案例等，地方法院贯彻执行党的政策以及最高人民法院司法政策，法官将党的政策作为裁判文书的说理依据运用于司法裁判。

第二章聚焦政策司法化的实证考察。首先，对 1981 年至 2020 年 40 份最高人民法院工作报告的文本进行分析，客观反映不同历史时期、不同发展阶段司法政策跟进党的政策确立法院的中心工作，展示党和国家大局变化和政策变化对司法政策和审判工作思路的影响，客观描绘党的政策影响司法工作的实然状态。其次，通过对裁判文书的梳理，考察法院和法官运用党的政策进行司法裁判的现实景象。最后，以法官调查与访谈方法为补充，了解法官对于党的政策影响司法实践的主观感受，完成从宏观到具体，从客观到主观的联动，完整描绘政策司法化的现实状况。

第三章聚焦政策司法化存在的现实问题。首先，最高人民法院转化党的政策中存在的问题主要有:一是以转化党的政策为要义的某些司法解释缺乏法理基础,有时甚至作不适当的扩张解释;二是政策司法化的模式相对僵化,有时过于突出和强调司法政策的意识形态特征,简单化回应党的政策,消解了司法政策本应具有的符合司法规律和司法技术的特征。其次,有的地方法院受到与上级法院利益偏差、监督机制不健全、信息沟通机制不完善等因素的影响出现了“地方保护主义式”以及“运动式”“放大式”“选择式”执行政策的现象,严重破坏了司法规律。最后,法官在司法裁判中运用党的政策不规范,突出表现为:有些法官直接将党的政策作为裁判依据,导致法律规则逃逸;有些法官在裁判文书中简单化地运用政策,缺乏对政策的充分说理,损害了司法公信力。

第四章聚焦政策司法化的优化路径。针对司法实践中政策司法化存在的上述问题,应在遵循司法规律及原则的前提下,提高最高人民法院转化政策的能力,健全地方法院执行政策的机制,提高法官运用政策的水平。在最高人民法院转化政策层面:首先,加强和规范司法解释,增强司法解释的合法性与谦抑性;其次,改进司法政策的目标性与功能性,提高最高人民法院回应政策的能力;最后,加强指导性案例的科学性与规范性,使之在通过个案解读法律和统一法律适用标准方面发挥独特作用。在地方法院执行政策层面,通过健全利益诉求的融合机制,健全政策执行的沟通机制,健全政策执行的监督和评估机制,矫正地方法院执行政策偏差的现象。在法官运用政策层面,首先应当破解法官运用政策的思想误区,并在此基础上,规范法官在刑事审判中运用政策的方式,同时增强法官在民事审判中对政策的充分说理,将党的政策科学有效地运用于司法审判中,全面提升司法公信力。

第一章 政策司法化的理论构建

政策司法化，是一个极具特殊性的问题，其所涉及的“党的政策”“司法”“司法政策”“政策司法化”的概念均内涵丰富且充满歧义。要厘清政策司法化的理论问题，首先应当明确界定“党的政策”“司法”“司法政策”“政策司法化”四个核心概念的科学内涵。其次，党的政策属于政治系统的组成部分，法院的司法审判活动属于法律系统的组成部分。政策司法化，从本质上看属于法律系统和政治系统之间的互动过程。再次，党的领导与依法治国的辩证关系，是党的政策司法化的根本理论依据和政治依据。故本章在分析政策司法化的根本理论依据和政治依据的基础上，阐释中国共产党在政策司法化过程中发挥的重要领导与推动作用。最后，本章对政策司法化的主体、方式及载体进行分析，以期构建政策司法化的基础理论。

第一节 本书相关概念的界定

概念是理论探讨的逻辑起点。研究政策司法化问题，涉及“党的政策”“司法”“司法政策”“政策司法化”四个核心概念。因此，首先应当对政策司法化涉及的这四个核心概念进行准确界定与阐释。

一、党的政策

(一)政策的概念

很多西方学者认为,“政策”与“公共政策”在本质上并无差别,但不同学者对公共政策的理解存在差异。托马斯·R.戴伊认为,政府所为和所不为的所有内容都属于公共政策的范畴,政府行为可能会涉及行为管制、组织官僚体系、利益分配等方面的内容。[1] 德沃金认为公共政策是对于改善经济、政治或者社会问题所作的规定。[2] 拉斯韦尔认为公共政策是一种具有一定的目标、价值和策略的大型计划。[3] 詹姆斯·E.安德森认为公共政策是由一个或者一批行为者为处理某一问题或事务采取的一个有目的的活动过程,具有相当的权威性。[4] 上述学者在界定政策的概念时侧重点有所不同,具体而言:托马斯·R.戴伊强调政策对利益的分配和目标的达成;詹姆斯·E.安德森将政策定义为一个活动过程;德沃金则是以政策的目标内容为指向界定政策的概念。

与国外学者不同,国内学者对于政策概念的界定更多体现了中国特色。在我国古代汉语的语境中,“政”与“策”是作为两个单独的语素存在的。“政”具有管理、治理的意义;“策”指政令抑或是策略、规划。法学学者李步云认为,政策是一定社会集团为实现一

[1] 参见[美]托马斯·R.戴伊:《理解公共政策》,彭勃等译,华夏出版社2004年版,第2页。

[2] 参见[美]罗纳德·德沃金:《认真对待权力》,信春鹰、吴玉章译,中国大百科全书出版社1998年版,第41页。

[3] 参见丘昌泰:《公共政策:当代政策科学理论之研究》,巨流图书公司(台湾)2016年版,第1-3页。

[4] 参见张国庆主编:《公共政策分析》,复旦大学出版社2004年版,第2-3页。

定利益、完成一定任务而确定的活动原则和行为准则。[1] 法学学者沈宗灵认为,政策是一定阶级处理国家事务、公共事务,调整各种关系的路线、方针、规范和措施的统称。[2] 政治学学者则对“政策”的界定持有不同观点。政治学学者张国庆认为,公共政策是公权力主体制定,用以确定和调整广泛社会关系的行为规范。[3] 政治学学者张金马认为,公共政策是党和政府用以规范、引导有关机构、团体和个人行动的准则和指南。[4]

纵观以上国内外学者关于政策的定义可以发现,不同学者对政策概念的界定各不相同,政策的概念极具复杂性。但学者们对于政策概念的理解有以下几点共识:一是政策是掌握公权力的主体针对公共事务而制定的;二是政策是一种策略和手段;三是政策是为了解决一定的问题而制定的,具有明确的目标;四是政策是关于行动的指南和行为准则。综合上述学者们的观点,政策最基本的构成要素包括政策的制定主体、政策的执行主体以及政策规定的公共事务内容。

(二)中国党政体制视域下“党的政策”的界定

中国共产党是当代中国政治体制的核心。以中国共产党为核心,政党与国家权力高度结合的“党政体制”是理解党的政策的关键。[5] 我国的党政体制可以被理解为“中国共产党领导的政治体制”。在我国,由于中国共产党对国家的全面领导,执政党的目标

---

〔1〕 参见李步云主编:《法理学》,北京经济科学出版社 2000 年版,第 424 页。
〔2〕 参见沈宗灵主编:《法理学》(第 3 版),北京大学出版社 2009 年版,第 179 页。
〔3〕 参见张国庆主编:《公共政策分析》,复旦大学出版社 2004 年版,第 4 页。
〔4〕 参见张金马主编:《政策科学导论》,中国人民大学出版社 1992 年版,第 19－20 页。
〔5〕 参见景跃进、陈明明、肖滨主编:《当代中国政府与政治》,中国人民大学出版社 2016 年版,第 3 页。

与国家发展目标融为一体，形成了具有中国特色的党政体制。[1] 中国共产党全国代表大会及其中央委员会作为党的最高领导机关，在推动国家发展方面形成了稳定的决策程序。中国共产党全国代表大会对国家各项事务作出重大决策和全面的战略部署，每年定期召开的中国共产党中央委员会全体会议对关系全局的重大问题作出重要决定和具体部署。[2]

在中国党政体制视域下，党的政策可以理解为中国共产党作为执政党为实现一定历史时期的使命和任务而制定的行为准则。在与国家治国理政直接相关的情形下，存在大量以党的文件名义发布的党的决定、决议、意见、通知等形式的党的“政策主张”。党的政策是中国共产党执掌国家政权，管理国家政治、经济、社会、文化等各项事业的重要措施，是中国共产党进行政治活动的主要方式，也是中国共产党实现领导作用的基本形式。需要关注的是，为了加强党对国家社会各项事务的全面领导，中共中央、国务院经常采取联合发文的形式，通过“高位推动”“党政合作”的方式确立具体的政策要求。中共中央、国务院以党政联合发文的形式就国家各个领域的事务作出规定，确定国家各个领域发展的基本目标和主要措施。[3] 党政联合发文模式由来已久，被认为是当代中国政治和法治实践中非常独特的制度现象。党政联合发文可以泛指中国共产党各级党委与国家政权机关因治理事项存在交集而共同发布相关通知、意见、决定、规定、指示等制度性文件。有学者统计，改革开放以来的党政联合发文，根据主体构成的差异，大致可以划

[1] 参见王若磊：《依规治党与依法治国的关系》，载《法学研究》2016年第6期。

[2] 参见胡鞍钢：《从党的十八大到三中全会——中国是如何作出重大改革决策的》，载《光明日报》2013年11月5日，第1版。

[3] 参见陈海嵩：《中国环境法治中的政党、国家与社会》，载《法学研究》2018年第3期。

分为中央党政联合发文和地方党政联合发文两类；中央党政联合发文有的表现为以中共中央、国务院的名义联合印发，有的表现为以中共中央办公厅、国务院办公厅的名义联合印发。以乡村振兴战略为例，党的十九大报告提出实施乡村振兴战略后，中共中央、国务院发布了《关于实施乡村振兴战略的意见》《乡村振兴战略规划（2018—2022年）》。其后，中共中央办公厅、国务院办公厅根据党中央和国务院的发文，先后联合印发了《农村人居环境整治三年行动方案》《数字乡村发展战略纲要》《关于加强和改进乡村治理的指导意见》等文件。以上文件体现了中国共产党通过发布有关振兴乡村建设方面的政策实现对振兴乡村建设的全面领导。再以生态文明建设为例，生态文明领域的重大改革事项，大多是通过党政联合发文的形式启动的。党的十八届三中全会提出了深化生态文明体制改革和加快建立生态文明制度的要求后，中共中央、国务院先后发布了《关于加快推进生态文明建设的意见》《生态文明体制改革总体方案》《关于全面加强生态环境保护坚决打好污染防治攻坚战的意见》。中共中央办公厅、国务院办公厅先后联合印发了《关于建立资源环境承载能力监测预警长效机制的若干意见》《关于在湖泊实施湖长制的指导意见》《关于深化生态环境保护综合行政执法改革的指导意见》《中央生态环境保护督察工作规定》等文件。以上生态文明领域的党政联合发文，体现了新时代党领导生态文明建设与改革方式的变化。

二、司法

（一）理论界对"司法"的界定

虽然人们在日常生活中经常提及"司法""司法改革""司法机关""司法公正"等概念，但我国一些重要的法学词典中并没有收录

“司法”这一词条，我国历部宪法中也从未单独出现过“司法”一词。[1] 目前，无论是理论界还是司法实务界对于司法的界定众说纷纭。在当代中国语境下，“司法”的含义究竟是什么，以及司法的外延及内涵，学者们未形成统一共识，比较有代表性的观点有以下几种：

第一种观点认为司法指审判。这是对司法最为狭义的一种理解，即认为司法是法官的一种裁判活动。例如，陈瑞华教授认为，司法权是裁判权，法官可在具体案件上适用一般的法律规则，进而发挥司法权在裁判案件上的功能。[2]

第二种观点认为司法指诉讼。持这种观点的学者认为，司法是一种用以解决纠纷，惩戒犯罪的诉讼活动。[3] 我国的司法机关应包括审判机关和检察机关。

第三种观点认为司法指纠纷解决。持这种观点的学者认为，司法是指通过适用具体的法律规范来解决纠纷的活动，且司法与立法、行政是相对的。[4] 这种观点是对司法最为宽泛的一种理解，将一切具有纠纷解决功能的活动都纳入司法的范畴，除了法院的审判活动外，公安机关、检察机关的职权活动以及行政裁决、仲裁、调解和公证等都属于司法的范畴。

第四种观点认为司法即法律的适用。这种观点认为，司法是掌握国家权力的国家机构在法律规定的范围内，按照其法定的职

---

〔1〕 1982 年我国《宪法》中出现了“司法”一词，但不是单独出现的，而是以“司法行政”的名义出现的。

〔2〕 参见陈瑞华：《司法权的性质——以刑事司法为范例的分析》，载《法学研究》2000 年第 5 期。

〔3〕 参见陈光中等：《中国司法制度的基础理论问题研究》，经济科学出版社 2010 年版，第 6 页。

〔4〕 参见范愉、黄娟、彭小龙编：《司法制度概论》，中国人民大学出版社 2013 年版，第 2 页。

责和权限,对相关的事实及证据进行法律及逻辑上的审查,通过适用法律来解决各主体之间权利义务纠纷的一种专门活动。[1]

学者们对“司法”一词存在不同理解,究其原因,很大程度上是由于我国司法权与司法机关之间并不是一一对应的关系。在我国,行使司法权的机关并非只有司法机关,而司法机关所掌握的权力也往往并非只有司法权。在我国的日常用语中,广义的司法机关中,除了人民法院、人民检察院外,还包括参与刑事诉讼过程的各级公安部门、国安部门、司法行政部门等。因此,从实际司法机关的角度来界定司法,与从逻辑上展开的司法权内容有所冲突。

(二)执政党文件中对“司法”的界定

虽然我国历部宪法中都没有单独出现过“司法”一词,但在实践中,司法工作主要是通过执政党的政策来规范的。因此,有必要通过分析党的全国代表大会上的报告的内容来考察执政党所发布的文件中是如何界定“司法”一词的。党的十三大报告首次提出“保障司法机关依法独立行使职权”。党的十五大提出“推进司法改革,从制度上保证司法机关依法独立公正地行使审判权和检察权”。党的十六大提出“按照公正司法和严格执法的要求,完善司法机关的机构设置、职权划分和管理制度,进一步健全权责明确、相互配合、相互制约、高效运行的司法体制”。党的十七大提出“深化司法体制改革”“优化司法职权配置”“建设公正高效权威的社会主义司法制度”。党的十八大提出“进一步深化司法体制改革,坚持和完善中国特色社会主义司法制度”。可以发现,党的十五大到党的十八大报告提及“司法”时,主要指法院和检察院。然而,党的

[1] 参见姚建宗编:《法理学——一般法律科学》,中国政法大学出版社2006年版,第341页。

十八届四中全会通过的《中共中央关于全面推进依法治国若干重大问题的决定》中提到，“在司法调解、司法听证、涉诉信访等司法活动中保障人民群众参与……推进审判公开、检务公开、警务公开、狱务公开”。这种表述将审判机关、检察机关、公安机关、监狱机关均视为司法机关。考察执政党文件中涉及“司法”的部分，可以发现，我国执政党文件中未对“司法”的内涵进行统一明确界定。执政党文件中所指的“司法”并不限于“审判”和“检察”。“司法机关”“司法权”“司法”的各自范围并不是一种严格对应的关系。

（三）本书对“司法”的界定

长期以来，理论界、实务界对于司法的概念一直未达成共识。究其原因，有学者分析：“有关司法语义上的多重状态，一方面表明了我们对司法在政治系统中的结构性地位或本质缺乏认识，另一方面是由于司法作为一个外来词在中国社会使用过程中的变异所引起的，由于中国政治未发展成司法分权的状态，我们的理论在反对分权的过程中，使司法失去了它最初的宪政意义。”[1]实践中对司法概念的运用长期存在混乱，直到2014年习近平总书记在中央政法工作会议上指出：“司法权是对案件事实和法律的判断权和裁判权”[2]。习近平总书记对司法权的论断符合司法规律和我国实际。在我国，“裁判”是法院的中心任务，也是司法的核心内容。正如张文显教授所言，“将司法权界定为‘判断权和裁判权’，一方面，给了司法权一个开放的结构，司法各个环节都行使着对事实和法律的判断权；另一方面，强调了在司法权中具有决定意义的是审判

---

〔1〕 程竹汝：《司法改革与政治发展》，中国社会科学出版社2001年版，第25页。

〔2〕 习近平总书记认为，司法权从本质上说是一种判断权和裁判权。参见习近平：《在中央政法工作会议上的讲话》，载中共中央文献研究室编：《习近平关于全面依法治国论述摘编》，中央文献出版社2015年版。

权,审判权的核心是裁判权,无论是侦查,还是检察,说到底都服务于定罪量刑,只有人民法院的裁判才是终局意义上的司法”[1]。因此,本书对“司法”的界定,采用一种狭义的理解方式,将司法权视为人民法院的专属权力,即各级人民法院统一行使的审判权(裁判权)。

三、司法政策

司法政策一直是中国司法领域的普遍现象,深刻影响着司法的发展。“司法政策”这个概念,虽然在国家正式文件中频繁出现,但在理论界有较大争议,学者们对此存在不同理解,目前尚无统一权威的界定。关于司法政策的界定,同时涉及法学理论和政策学理论。在整个政策体系中,从位阶上看,司法政策是基本国策的下位政策。从内容上看,司法政策是专门针对司法工作提出的,具有明确的指向。从制定主体看,司法政策包括中国共产党确立的宏观司法政策和最高人民法院制定的有关司法审判活动的具体政策;前者是相对宏观的司法政策,如“严格司法政策”“阳光司法政策”等,后者相对具体,如“调解优先、调判结合”等司法政策。

(一)党的宏观司法政策

党的宏观司法政策是中国共产党制定的,关于特定时期司法系统运行、管理总体方向或司法改革战略目标的政策性文件。从功能上看,在我国,法院的司法裁判不仅是个案中的纠纷解决和权利救济机制,而且也是党和国家实现总体目标和开展社会治理的重要手段。党的宏观司法政策体现了中国共产党关于司法工作的理念,也承载着中国共产党关于司法工作的政治意图,其通过连接

---

〔1〕 张文显:《司法的实践理性》,法律出版社2016年版,第3页。

国家中心任务与司法审判，在个案裁判中促进了法律效果、政治效果、社会效果的统一。[1] 党的宏观司法政策不仅构成了司法系统运行与司法改革的刚性指南，而且在很大程度上反映了国家的司法导向，是人民法院开展司法工作必须遵循的基本准则，因此对人民法院的司法活动产生实质影响。[2] 中国共产党是我国的执政党，其通过制定关于司法工作的方针政策，不仅保证了司法工作正确的发展方向，也实现了中国共产党对司法的绝对领导。改革开放前，中国共产党围绕司法机关队伍建设、组织领导等相关问题制定了一系列重要的政策性文件。党的十一届三中全会后，随着我国法制建设进程的不断加快，尽管政策相较于法律的重要性减弱，但党的政策在司法中的影响力并未弱化，党的宏观司法政策仍是党领导司法工作的主要手段，对司法工作具有重要的导向作用。我国司法系统的运行从未离开过党的宏观政策的指引，尤其是司法改革的推进，均是以党的政策文件的形式予以部署的。此外，党的宏观司法政策是将党抽象的意识形态转化为具体的司法路线、司法主张的媒介。舒尔曼认为，作为连接抽象意识形态与日常政治起桥梁作用的政策，承担着将"纯粹性"意识形态转换成"实践性"意识形态的任务。[3] 在舒尔曼看来，意识形态具有抽象性与不可操作性，党的宏观司法政策将抽象性的党的意识形态转化为具体、便于操作的政策。如"司法为民""严格司法""阳光司法"等宏观司法政策，其表达方式通俗易懂，具有较强的感召力，便于司

---

〔1〕 参见郭松：《司法文件的中国特色与实践考察》，载《环球法律评论》2018 年第 4 期。

〔2〕 参见郭松：《司法文件的中国特色与实践考察》，载《环球法律评论》2018 年第 4 期。

〔3〕 参见郭松：《司法文件的中国特色与实践考察》，载《环球法律评论》2018 年第 4 期。

法机关对执政党司法意识形态的理解。

党的宏观司法政策主要存在于以下几种载体中:第一,党的全国代表大会报告、党中央的决定。如党的十八届四中全会作出的《中共中央关于全面推进依法治国若干重大问题的决定》提出了"严格司法政策""阳光司法政策"等多项宏观司法政策。[1] 这类司法政策通常是在集体决策会议中形成的,并且经过意见集中、协商、反复修改等过程,一经发布即具有较强的权威性。第二,中国共产党对一些亟须解决的司法问题直接制定相关的司法政策,包括条例、准则、规定、意见、方案等形式。例如中共中央办公厅、国务院办公厅印发《保护司法人员依法履行法定职责规定》,对建立健全司法人员依法履行法定职责保护机制作了全面部署。第三,党的领导人的讲话、指示、重要文献。党的领导人通常以会议上讲话、指示等方式确认一定时期内司法政策的核心要素。如习近平总书记历年在中央政法工作会议上的重要讲话精神,为司法工作指明了方向,提供了根本遵循。

(二)最高人民法院的具体司法政策

在我国,最高人民法院不仅具有统一法律适用的法律性功能,也有制定司法政策措施、指导审判工作的政策性功能。最高人民法院制定具体司法政策以贯彻落实党的政策,发挥其政策性功能。因此,最高人民法院的具体司法政策是指最高人民法院为了贯彻

---

〔1〕 如"完善司法管理体制和司法权力运行机制,规范司法行为,加强对司法活动的监督,努力让人民群众在每一个司法案件中感受到公平正义""推进严格司法。坚持以事实为根据、以法律为准绳""推进以审判为中心的诉讼制度改革""实行办案质量终身负责制和错案责任倒查问责制""保障人民群众参与司法""在司法调解、司法听证、涉诉信访等司法活动中保障人民群众参与""完善人民陪审员制度""构建开放、动态、透明、便民的阳光司法机制"。参见《习近平中共中央关于全面推进依法治国若干重大问题的决定》。

落实党的政策对司法活动的指引和规范所制定的方针、路线和措施。[1] 近年来,最高人民法院围绕党和国家的中心工作,根据党的宏观司法政策和社会形势发展需要,发布了大量司法政策,如《关于人民法院进一步为"一带一路"建设提供司法服务和保障的意见》《关于支持和保障全面深化前海深港现代服务业合作区改革开放的意见》《关于为河北雄安新区规划建设提供司法服务和保障的意见》《服务保障黄河流域生态保护和高质量发展工作推进会会议纪要》。从司法政策的载体来看,主要包括意见、纪要、通知、办法、答复、条例等公文体例。从司法政策的发布主体来看,有的是最高人民法院单独发布,有的是和其他单位联合发布。从司法政策的内容来看,既有宏观的司法理念指引,如"司法为民""和谐司法"的司法政策,也有对实体方面的规定,如"宽严相济"的刑事政策,还有程序方面的规定,如"注重调解"的司法政策。从司法政策的种类来看,有刑事司法政策、民事司法政策、行政司法政策。刑事司法政策主要涉及维护秩序和保护人权的关系,保护犯罪嫌疑人的权利与保护被害人的权利的关系,重点打击与平等适用的关系。民事司法政策涉及当事人意思自治与国家干预的关系,交易安全与投资安全的关系。行政司法政策涉及是维护公民权益和行政相对人合法权益优先,还是支持行政机关履行职责和进行有效管理优先的问题。

四、政策司法化

政策司法化,即人民法院以司法解释、司法文件、指导性案例等为载体,把党的政策转化为司法政策并运用于司法审判全过程

[1] 参见李大勇:《论司法政策的正当性》,载《法律科学(西北政法大学学报)》2017年第1期。

的实践活动。这一命题的要素包括:第一,政策司法化的主体是人民法院,包括最高人民法院、省(自治区、直辖市)高级人民法院、中级人民法院和基层人民法院。第二,政策司法化的主要方式是最高人民法院将党中央确立的治国理政的大政方针和经济社会发展政策转化为全国一体实施的司法政策,地方各级法院在其审判工作中贯彻党的政策和司法政策,法官在审判活动中具体运用司法政策进行审判的实践活动和司法行为。第三,政策司法化的有形载体包括司法解释、司法文件、指导性案例等。其中,司法解释是具有法律效力,可以直接作为审判引用的载体;司法文件专指最高人民法院发布的政策性司法文件以及包含司法政策性规定的工作性司法文件,例如,各类"指导意见""暂行规定""实施办法"等;指导性案例指由最高人民法院审判委员会审定发布的,对于类案有指导意义、重要参考价值的典型案例。各级人民法院在审判活动中应当体现指导性案例的内在法理、政理和司法逻辑。

第二节　政策司法化的理论基础

党的政策属于政治系统的组成部分,法院的司法审判活动属于法律系统的组成部分。政治系统与法律系统在事实和内在逻辑上紧密联系。政策司法化运作过程,既是一个法律系统内的问题,也是法律系统与政治系统之间关联互动的过程。在中国语境下,中国特色社会主义司法不仅具有法律属性,而且具有政治属性,不仅具有纠纷解决功能,而且具有实施和创制政策功能。中国特色社会主义司法的政治性集中体现为党的领导。在我国,党的领导与依法治国的辩证关系,是党的政策司法化的根本理论依据和政治依据。由于中国共产党的领导地位,形成了中国特色的"高位推动”的政策执行模式，中国共产党在政策司法化过程中发挥重要的领导和推动作用。

一、政治系统与法律系统的关系

姚建宗教授指出：“法律与政治在事实和内在逻辑上密切联系，两者共同承担着建立并维护社会秩序的责任，且政治逻辑的主线一直存在于法律运行中。在中国的政治与法律实践中，法律对政治具有依赖性，政治对法律具有一定的支配性和控制性。”〔1〕政策司法化的过程蕴含着政治系统与法律系统之间元素的交换。政治系统与法律系统之间存在独立分化、功能互助、结构耦合的关系。

（一）政治系统与法律系统独立分化

尽管政治与法律都是以人类的现实生活为基础而存在的，但是在现代社会中，政策与法律呈现逐步分化的趋势。在社会功能高度分化的背景下，卢曼提出了社会系统论。他认为，不同的社会子系统从过去的融合走向了近代的分化，现代社会在高速运转的过程中逐步分化出了法律系统和政治系统两个重要的自创生子系统。〔2〕法律系统以“合法/非法”为基本符码，以法律为媒介，以规范和逻辑为标准，具有封闭性。政治系统则以“有权/无权”为基本符码，以权力为媒介，具有开放性。随着社会功能的不断分化，法律逐渐自成一体并不再过度依赖政治的强力推动，“即便是在‘法

〔1〕 姚建宗：《法律的政治逻辑阐释》，载《政治学研究》2010年第2期。
〔2〕 参见［德］尼可拉斯·鲁曼：《社会中的法》，国立编译馆主译、李君韬译，台北，五南图书出版公司2009年版，第456页。

治国'的形式中,法律系统也可以在缺少主权者的情况下进行运转"[1]。

法律系统和政治系统之间存在独立分化的关系,具体来说:首先,由于法律系统和政治系统具有不同的二元符码,故它们对于外界环境信息的筛选有所不同。政治系统通过运用"有权/无权"基本符码对权力的分配进行协调,而法律系统则是运用"合法/非法"基本符码对行为的规范性进行评判。每个社会都是一个独立运行的"系统",而"环境"就是这个系统之外的一切。法律系统拥有"合法/非法"二元符码,因此其能够判断哪些元素属于自身,哪些元素属于环境。尽管沟通也是系统的构成要素,但沟通只能存在于系统内部,所以政治系统无法决定法律系统的运作情况。其次,法律系统具有操作封闭性的特点,这决定了其不被政治系统所干预,同时要避免政治符码掺入法律系统,干扰法律系统的正常运行。法律系统的操作封闭性导致政治系统和法律系统的分化。需要说明的是,政治系统与法律系统之间并非完全隔绝,法律系统对政治信息仍具有一定的开放性,但要以符码化及纲要化方式实现政治信息的转译后才能将政治信息纳入法律沟通中。最后,法律系统与政治系统承担的功能不同。法律系统的功能是使人们形成普遍性的行为规范,政治系统的功能是使人们作出具有集体约束性的决定。由于新的执政党可能会改变原有的政治纲领,政治系统无法保障人们行为的稳定性;由于法律系统本身不具备组织基础,也缺少推行政治纲领的权力,因此法律系统无法作出具有约束力的集体性决定。综上所述,政治系统与法律系统具有不同的二元符码,承担的功能亦不相同,因此是两个独立分化的系统。

---

[1] [德]尼可拉斯·鲁曼:《社会中的法》,国立编译馆主译、李君韬译,台北,五南图书出版公司2009年版,第462页。

(二)政治系统与法律系统功能互助

政治系统和法律系统虽然分化为两个独立的系统,但法律具有规范性期望稳定化功能,政治具有行为控制功能,故法律系统与政治系统两者在功能上可以互助。卢曼认为,“法律规范性期望稳定化功能远远超出了调节冲突概念所能把握的内涵,法律不仅消除冲突,而且也产生冲突,因为人们可以通过印证法律来拒绝过高要求和对抗社会压力”[1]。因此,可以说自政治系统与法律系统分离,法律系统消除的冲突在人们的规范性预期内,而那些超出人们规范性预期的冲突仍需要政治予以消解。贝克的风险社会理论向我们展示了政治的功能在于对行动的控制,它的基本原理在于“当公众发现风险存在的时候,就对似乎无所不能但又很无能的政治施加压力,试图解决超出政治系统控制范围之外的由科学系统产生的问题,科学发展所带来的风险交给政治去界定和解决”[2]。政治系统在舆论压力下,会为了迎合舆论或者免受舆论指责,快速作出不理性的决定以消除民众的风险感知。[3] 政治对行动控制的功能对应政治的亏损担保功能,常规的风险已经被法律的规范预期所吸收,非常规的风险常常伴随着公众对超越政治解决能力范围的期待,而政治为了避免自身的“合法化危机”,会作出以权力为媒介的“集体约束性决定”。政治系统与法律系统功能互助体现在以下两个方面:一方面,法律为政治权力的合法性提供基础。通常情况下,统治阶级最初通过暴力手段获得政治权力,而一旦获得政

---

〔1〕[德]卢曼:《社会的法律》,郑伊倩译,人民出版社2009年版,第70页。

〔2〕[德]乌尔里希·贝克:《风险社会》,何博闻译,译林出版社2003年版,第225-251页。

〔3〕参见[美]凯斯·R.孙斯坦:《风险与理性——安全、法律及环境》,师帅译,中国政法大学出版社2005年版,第110页。

治权力后,如何将政治权力合法化成为统治阶级的首要任务。在现代社会,民主和法治的制度安排,实际上既是政治合法性的获得过程,亦是政治合法性的维持方式。政治合法性的获得与维持,主要通过法律符号对于政治权力的意义赋予完成。[1] 另一方面,政治权力也为法律系统提供了实施的保障。通过政治系统行政部门以及整个官僚体制对于法律的执行,法律得以贯彻实施。

(三)政治系统与法律系统结构耦合

结构耦合是指自创生系统的内部结构与运作是独立于环境的,同时环境中的任何事物可能与系统内部的结构与运作相关。[2] 政治系统与法律系统之间是一种结构耦合的关系,两者相互影响,而不是一种决定与被决定的关系。政治系统与法律系统在结构上耦合,两者各自内部信息处理的能力都得以提高,相互影响促进了政治系统和法律系统功能的进化。政治系统借助于法律系统的合法性功能,其作出的具有集体性约束的决策能够更好地被贯彻与执行;而法律系统通过结构耦合也大大增强了对政治系统刺激的敏感度,法律系统接受来自政治系统各因素的影响,并通过法律运行化解政治因素带来的复杂影响,实现法律系统的不断更新。此外,法律系统会对政治系统中的各种复杂信息进行选择和过滤,将政治系统中一些违反法律基本原则的因素排除在外,以此来维持法律系统的自主性。政治系统在激扰法律系统、推进法律系统进化的同时,也接受法律系统的激扰,从而实现政治系统的

---

〔1〕 参见姚建宗:《论法律与政治的共生:法律政治学导论》,载《学习与探索》2010年第4期。

〔2〕 参见泮伟江:《宪法的社会学启蒙——论作为政治系统与法律系统结构耦合的宪法》,载《华东政法大学学报》2019年第3期。

进化与发展。[1]

政策司法化以政治系统与法律系统的互动关系为基础，具体而言：从宏观层面看，党的政策作为政治系统的组成部分，决定了法院工作的政治方向、工作重心；从微观层面看，党的政策为法院司法实践提供了指导和资源，法院通过出台司法解释、司法文件、指导性案例等，将党的政策的政治符码转化为法律符码，指导司法实践。在党的政策司法化过程中，法律系统从政治系统中获得了强制力，使党的政策在司法系统中得以贯彻和落实。同时，法律系统也受到政治系统的影响，例如，习近平总书记提出“努力让人民群众在每一个司法案件中感受到公平正义”后，平反冤案和国家赔偿成为法院的一项重点工作。最高人民法院工作报告多次提出坚决防止和纠正冤假错案，加强国家赔偿和司法救助工作。可以看出，在我国的司法环境和司法体制下，良好的政策导向能够对司法实践产生积极影响。

二、党的政策与法律的关系

政策司法化的过程涉及党的政策与法律的关系。政策与法律的关系亦是法学理论和法治实践的基本问题。党的政策，一部分经由立法机关上升为具有国家强制力的法律。在此情形下，法院适用法律的过程也就是执行党的政策的过程。另一部分党的政策未上升为法律，在司法工作中发挥指导作用。正确认识党的政策与法律的关系，是分析政策司法化的关键。然而，理论界和实务界对于这个问题存在认识误区。针对这一情况，习近平总书记对“党

---

〔1〕 参见泮伟江：《宪法的社会学启蒙——论作为政治系统与法律系统结构耦合的宪法》，载《华东政法大学学报》2019 年第 3 期。

的政策与国家法律”的关系作出了科学的论断。[1] 根据习近平总书记的重要论断和专家学者的解读,党的政策与法律的关系可以归纳为以下几个方面:

第一,党的政策与法律在本质上具有一致性。党的政策和国家法律均是人民根本意志的反映,统一于人民的根本意志。党的领导、人民当家作主、依法治国三者统一于我国社会主义民主政治建设,从根本上保证了党的政策与法律的统一性和一致性。立法机关通过法律的立、改、废、释等多种途径,将党的政策主张通过立法程序与人民意志统一起来,制定为具有国家强制力的法律。

第二,党的政策与法律在地位上具有相对独立性。政策与法律作为现代社会治理的两种基本手段,在制定主体和程序、表现形式、适用范围以及稳定性等方面都有各自的特点。法律的内容往往相对详尽、具体,为人们提供明确的行为准则,具有规范性和稳定性的特点。政策则是根据社会发展的需要而出台和制定的,具有灵活易变性和应时性的特点。[2] 正是由于党的政策和法律具有各自的特点,故两者在表现形式和运作方式上具有相对独立性。

第三,党的政策与法律在功能上具有互补性。相较于政策,法律更蕴含普遍性、稳定性和强制性等色彩,在规范公民的权利义务、国家机构的职权职责、促进社会经济发展、维护社会公平正义

---

〔1〕 习近平总书记指出:“我们党的政策和国家法律都是人民根本意志的反映,在本质上是一致的。党的政策是国家法律的先导和指引,是立法的依据和执法司法的重要指导。”“党的政策成为国家法律后,实施法律就是贯彻党的意志,依法办事就是执行党的政策。”参见习近平:《在中央政法工作会议上的讲话》,载中共中央文献研究室编:《习近平关于全面依法治国论述摘编》,中央文献出版社2015年版。

〔2〕 参见刘长秋:《政策与法律孰轻孰重?》,载《社会观察》2014年第10期。

等方面,法律更具有优势。政策的灵活性、指导性在判断诸如发展大势、未来战略发展的方向等疑难热点问题方面具有明显的优势。法律作为常态管理的“硬法”与政策作为应急管理的“软法”都是国家与社会治理不可或缺的,两者分别从刚性和柔性方面来调整社会关系。〔1〕

第四,党的政策是立法的依据和司法的重要指导。一方面,党的政策是立法的依据。党的政策推动了法律制度的形成和发展,并成为某些法律制度的指导原则和具体内容。新中国成立以来尤其是改革开放以来,我国的法律大多是以党的政策为依据而制定的。将党的政策中经过实践检验的内容通过立法程序进行转化和固定,为法律不断革新、适应社会发展的需要提供了重要的动力和保障。另一方面,党的政策对司法具有重要的指导作用。党的政策不仅是司法适用的政治平台,决定了特定时期司法的精神和方向,而且还是司法机关制定司法解释、司法文件以及发布指导性案例的依据和参考。

第五,法律是实现党的政策的重要保障。党的政策一旦通过立法程序上升为法律,便具有了普遍约束力和国家强制性,任何机关、组织、团体、个人都必须遵守,不得违背。抽象性的政策转化为具体的法律,可以给人们提供明确的规范指引,从而使政策内容具有了普遍性、强制性、长效性、可诉性,既便于民众遵守,也便于国家机关执行。〔2〕

党的政策与国家法律的关系,不仅是一个理论问题,也是一个实践问题。在对党的政策与法律的关系进行探讨时,不应仅从应

〔1〕 参见李龙、李慧敏:《政策与法律的互补谐变关系探析》,载《理论与改革》2017年第1期。

〔2〕 参见宋方青:《实现司法与政治之间的平衡》,载《法制与社会发展》2014年第6期。

然层面分析党的政策和法律的关系，而且应当从实然层面对党的政策和法律的关系的演进历史予以描述，客观考察党的政策与法律的关系演进历程。新中国成立后，我国党的政策与法律的关系变迁大致经历了四个阶段：

第一阶段为新中国成立后至党的十一届三中全会前，党的执政和国家治理沿袭革命战争年代的管理和管制，主要依靠政策、“红头文件”、“最高指示”等。这一阶段党的政策是高层次的行为准则，法律仅仅是政策的辅助手段与次要形式，在实践中往往作为参考，长期被束之高阁。一旦政策与法律发生冲突，完全依赖于政策办事，而且在执法、司法的过程中，执法机关、司法机关参照或者援引党的政策并以党的政策为依据，政策在很大程度上承担了社会纠纷解决的功能。[1]

第二阶段为党的十一届三中全会到党的十五大前，我国制定的法律越来越多，覆盖了经济社会生活的大部分领域，同时法律的地位得到提升，故呈现出既依靠党的政策又依靠法律的进步态势。1982 年通过的《八二宪法》明确规定了宪法在整个国家政治生活中作为根本大法的地位，对于发展社会主义民主和健全社会主义法制具有重大意义，从而为党的依法治国方略奠定了民主和法制的基础。[2]

第三阶段为党的十五大到党的十八大前，这一时期，法律的地位有了明显提升，国家更加重视社会主义法制建设，主要依靠法律治国理政。党的十五大报告首次提出“依法治国，建设社会主义法治国家”，确定依法治国是党领导人民治理国家的

---

〔1〕 参见何啸：《改革进程：中国共产党政策与法律关系结构的历史转型》，中共中央党校 2014 年博士学位论文，第 59 页。

〔2〕 参见汪彩华：《从人治走向法治——从八二宪法及其修正案看党的治国方略的演变》，载《杭州师范学院学报》2000 年第 4 期。

基本方略。[1] 党的十六大报告将“社会主义法制更加完备，依法治国基本方略得到全面落实”作为全面建设小康社会的重要目标。[2] 党的十七大报告对全面落实依法治国基本方略，加快建设社会主义法治国家作出全面部署。[3]

第四阶段为党的十八大至今，法治成为治国理政的基本方式，以法治思维和法治方式行使执政权、行政权、监督权、司法权成为新常态。这一时期“党的政策是国家法律的先导和指引，是立法的依据和执法司法的重要指导”[4]。政策具有因地制宜、因时制宜、侧重指导的特点，而法律具有普遍性、统一性、连续性、稳定性、规范性等特点，两者在功能上互补。在实践中，当政策和法律出现矛盾时，要及时调整政策或修改法律，使之协调一致，同时要努力做到统一正确实施。[5]

---

〔1〕 江泽民同志正式阐述了依法治国的基本方略：“依法治国，就是广大人民群众在党的领导下，依照宪法和法律规定，通过各种途径和形式管理国家事务，管理经济文化事业，管理社会事务，保证国家各项工作都依法进行，逐步实现社会主义民主的制度化、法律化，使这种制度和法律不因领导人的改变而改变，不因领导人看法和注意力的改变而改变。”就党与法的关系，江泽民强调：“党领导人民制定宪法和法律，并在宪法和法律范围内活动。依法治国把坚持党的领导、发扬人民民主和严格依法办事统一起来，从制度和法律上保证党的基本路线和基本方针的贯彻实施，保证党始终发挥总揽全局、协调各方的领导核心作用。”参见《江泽民文选》(第2卷)，人民出版社2006年版，第30页。

〔2〕 《全面建设小康社会，开创中国特色的社会主义事业新局面——在中国共产党第十六次全国代表大会上的报告》，《中国共产党第十六次全国代表大会文件汇编》，人民出版社2002年版，第33页。

〔3〕 参见刘宝东：《改革开放视阈下的法治三十年》，载《中共石家庄市委党校学报》2008年第10期。

〔4〕 参见习近平：《在中央政法工作会议上的讲话》，载中共中央文献研究室编：《习近平关于全面依法治国论述摘编》，中央文献出版社2015年版，第20页。

〔5〕 参见习近平：《在中央政法工作会议上的讲话》，载《习近平关于全面依法治国论述摘编》，中央文献出版社2015年版，第20页。

回顾党的政策与法律的关系变化的曲折历程，可以看出，一方面中国共产党执政面临的任务、凭借的政治资源发生了历史性变迁，另一方面中国共产党对民主法治的认识不断加深，依法执政能力不断提高，中国共产党的执政理念发生了根本性的变化。[1] 党的政策与法律的关系的演进与嬗变过程亦是中国共产党的执政方式不断改善的历史进程。

三、司法的政治属性与政治功能

（一）司法的政治属性

司法的政治属性是指司法权作为居于政治系统之中的一种政治权力，体现出鲜明的政治立场和价值取向。一方面，司法的法律实施属性决定了其政治性。立法是一种典型的政治活动，立法机关制定的法律体现了统治阶级的意志，是各种政治力量之间利益碰撞、协调和折中的结果。司法作为实施法律的活动，也必然体现统治阶级的意志。另一方面，司法权作为一项重要的国家政治权力，决定了司法的政治性。行使司法权的法院不仅是一个审判机关，也是一个政治机构。在我国的政治系统中，人民法院产生于最高权力机关人民代表大会，并接受人民代表大会的监督。

中国特色社会主义司法的政治性集中体现在中国共产党对司法的领导。中国共产党对司法的领导，是由中国共产党的领导地位和领导优势决定的。中国共产党的领导是中国特色社会主义最本质的特征。首先，中国共产党的领导优势体现在中国共产党具

---

〔1〕 参见封丽霞：《法治与转变党的执政方式——理解中国特色社会主义法治的一条主线》，载《法制与社会发展》2015 年第 5 期。

有领导党和执政党的双重性质和地位。[1] 中国共产党是我国唯一的执政党,是我国最高的政治领导力量。作为中国特色社会主义事业的领导核心,中国共产党在国家及社会生活中拥有绝对的领导地位,这就说明中国共产党不仅是执政党,更是领导党,具有国家和社会的双重领导权,这种领导权就是其执政的政治基础。中国共产党作为领导党和执政党的双重属性使其具有强大的政治优势和能量,可以充分发挥其总揽全局、协调各方的领导核心作用。其次,中国共产党的领导优势体现为中国共产党全心全意为人民服务的宗旨优势。中国共产党自成立以来,就不是某个或某些经济利益集团,某种政治力量、宗教势力或其他社会势力的代表,它始终代表着人民的利益。中国共产党不仅将为人民服务作为自己的根本宗旨,而且紧紧依靠人民,通过密切联系人民群众、广泛发动人民群众、充分依靠人民群众完成其历史使命和各个时期的重大任务。最后,中国共产党的领导优势体现为中国共产党的组织优势。党的全国代表大会是党的最高权力机构,中央委员会、中央政治局、中央政治局常委会是党的领导决策核心。党中央及地方各级党委都设有直属的组织、宣传、纪检、政法、统战等部门,在同级人大、政府、政协、监察委员会、法院、检察院、群团组织、企事业单位设立党组(党委),并在各基层单位设立党组织,党的全国代表大会决议和党中央的决策部署通过严密的组织体系贯彻落实。

无论是在革命建设时期还是社会主义建设阶段,司法工作均在党的领导下进行。中国共产党对司法的领导方式经历了一个逐步转变的过程,从最初包办领导转变为政治、思想领导和组织指

---

〔1〕 参见张文显:《国家制度建设和国家治理现代化的五个核心命题》,载《法制与社会发展》2020 年第 1 期。

导,从最初具体事务领导转变为宏观方向的领导。新中国成立初期,各级政权机关都处于初创时期,中国共产党拥有严密、健全的组织体系,对国家各项工作有丰富的经验,因此继续沿用形成于民主革命时期的党委一元化领导格局。这一时期,法院绝对服从党的领导,不仅要坚决服从党的方针、政策的领导,而且要坚决服从党对审判具体案件以及其他一切方面的指示和监督。1979 年《中共中央关于坚决保证刑法、刑事诉讼法切实实施的指示》确立了党对司法工作的领导,主要是方针、政策的领导。1982 年《中共中央关于加强政法工作的指示》明确指出,各级党委对政法工作管方针、管政策、管干部、管思想政治工作领导方式,同时监督政法机关按照国家现有的法律、法令办事。2002 年党的十六大报告明确指出,“党的领导主要是政治、思想和组织领导”,实行“总揽全局、协调各方的原则”。2014 年 1 月,习近平总书记在中央政法工作会议上强调:“既要坚持党对政法工作的领导不动摇,又要加强和改善党对政法工作的领导,不断提高党领导政法工作能力和水平。”历史实践证明:只有坚持党的领导,法院才能保持其政治本色;只有始终把维护党的执政基础、巩固党的执政地位作为法院的职责,法院才能找准司法工作与党和国家工作大局的结合点、着力点,确保法院工作的政治方向,把法院工作放在党和国家工作全局中谋划并推进;只有坚持党的领导,法院才能实现司法裁判法律效果、政治效果与社会效果的统一。

(二)司法的政治功能

“功能”是一个重要的社会学概念。功能分析是一种建构性和实践性相结合的目的论研究方法,从功能角度对政治制度进行分析已成为社会科学研究的重要方法。社会学结构功能主义认为,社会组织的功能是基于其内在属性和特征所具备的满足社会需要的能力，是在同社会的交互关系中所发挥的特定功效和作用。关于司法的功能，美国学者达玛什卡认为司法不仅具有解决纠纷功能，还具有实施国家政策功能。[1] 习近平总书记将我国司法的功能界定为“权利救济”“定分止争”“制约公权”。[2] 因不同国家的历史传统、政治体制、发展阶段等因素，司法的功能存在诸多差异；但从本质上说，司法法治和政治的双重属性决定了司法具有法治和政治双重功能。

关于司法的政治功能，学者庞凌认为：“司法的政治功能是指法院在权力分立的政治架构中，通过个案的审理与相关政治行为的判定，制约其他国家权力，规范权力运行并维护宪政制度。”[3] 在现代社会，司法权是一种重要的政治权力，属于政治权力系统的有机组成部分，因此，法院必然要承担和履行一定的政治职能，执政党的政治意志需要通过法院来实现。司法的政治功能在保障公民的权利和自由、形成公共政策方面发挥重要作用。与历史上的司法活动相比，司法与政治的关系发生了实质性的改变。法院不仅要调整公民之间的关系，而且要调整社会政治关系。因此，可以将司法的政治功能归纳总结为：社会控制功能、权力制约功能、创制公共政策功能。

首先，司法的政治功能是指法院具有社会控制功能。司法是社会秩序的主要维护者，也是公众寻求公正的制度化途径。通过司法维护社会秩序是现代司法的一个重要特征。无论是社会制度的保障，还是公众对公平正义的追求，最后都会指向司法。一方

[1] 参见[美]米尔伊安·R.达玛什卡：《司法和国家权力的多种面孔：比较视野中的法律程序》，郑戈译，中国政法大学出版社2015年版，第116页。

[2] 习近平：《论坚持全面依法治国》，中央文献出版社2020年版，第60页。

[3] 庞凌：《法院政治功能的学理疏释》，载《法律科学（西北政法大学学报）》2003年第4期。

面，司法以严厉的惩戒机制对公众产生一定的威慑力，从而实现社会控制；另一方面，司法机关通过理性的司法程序为公众提供了一种表达不同意见、解决纠纷的渠道，使社会矛盾都能在司法制度的框架内解决。从历史上看，无论是专制政权还是民主政权，凡是社会秩序良好的时代或国家，均具有一个良性运行的司法系统。

其次，司法的政治功能是指法院具有权力制约功能。孟德斯鸠的著名论断："一切有权力的人都容易滥用权力。"〔1〕要防止滥用权力，就必须以权力约束权力。正如陈瑞华教授所言："司法权存在的目的，一方面是给权利受损的人们提供权威的救济，另一方面也对国家权力实施审查和控制。"〔2〕在西方国家，司法的权力制约功能主要体现为法院的司法审查权，法院通过司法审查权获得了可以制约其他国家权力的优越地位。在我国，司法的权力制约功能主要体现为：法院在行政诉讼中对行政机关作出的具体行政行为和抽象行政行为进行审查，对行政机关的行为是否合法作出司法裁判，从而监督行政机关依法行使行政权。

最后，司法的政治功能是指法院具有创制公共政策的功能。法院创制公共政策的功能从本质上说，是指法院为了解决涉及社会公共利益的诉讼案件，在其裁判结果中或者在解释法律的过程中所表现出来的公共政策倾向。〔3〕尽管纠纷解决功能是法院的首要功能，但在司法实践中，现代法院早已通过司法程序而积极参与

---

〔1〕［法］孟德斯鸠：《论法的精神》（上册），张雁深译，商务印书馆1987年版，第154－155页。

〔2〕陈瑞华：《司法权的性质——以刑事司法为范例的分析》，载《法学研究》2000年第5期。

〔3〕参见丰旭泽：《论通过司法程序制定公共政策——兼论最高人民法院司法解释模式的转型》，载《政治与法律》2015年第1期。

国家社会事务,成为公共政策的制定者。[1] 随着社会不断发展,许多涉及社会公众利益的案件涌入法院,如环境污染案件、消费者权益保护案件、医疗损害赔偿案件、公共卫生安全案件等,这些案件不仅涉及诉讼程序中当事人的利益,也涉及公众的公共利益。法院在审理上述案件时会考虑社会治理因素,对案件的处理结果体现了公共政策的倾向性。尽管严格司法是现代法院审判案件的基本要求,但是法院在审理案件的过程中并不能总是将案件事实与法律条文一一对应。究其原因:一方面,法律条文具有抽象性,而案件事实具有复杂性,法官在审判案件的过程中无法总是能根据案件事实按照现行法律规定找到相应的结论;另一方面,法律具有稳定性、滞后性特点,而案件事实具有多样性、多变性特征,法官在审判案件的过程中往往面临"无法可依"的尴尬处境。在这种情况下,法官在审理案件的过程中不可避免地会对现有法律条文进行解释,甚至在法律的空白之处创造一定的法律规则。法官解释法律的过程,也是制定公共政策的过程。[2]

此外,需要说明的是,不应将"司法的政治功能"与"司法政治化"相混淆。所谓司法政治化,主要表现为司法仅作为维护专制统治的政治工具,司法机关在司法运行过程中常常受到政治泛化因素的影响,无法依照法律作出公正裁判。具体而言,司法政治化主要表现在以下两个方面:其一,将政治口号直接作为司法的依据加以适用,导致司法在政治口号之中空转,使司法机关堕落为权力的附庸。其二,人为地将政治作为司法运作的最高要求,在意识上沿袭传统的政治第一、政治挂帅的思维定式,习惯于以政治思维而不

---

〔1〕 参见丰旭泽:《论通过司法程序制定公共政策——兼论最高人民法院司法解释模式的转型》,载《政治与法律》2015 年第 1 期。

〔2〕 参见丰旭泽:《论通过司法程序制定公共政策——兼论最高人民法院司法解释模式的转型》,载《政治与法律》2015 年第 1 期。

是法治思维思考法律问题、解决法律争议。[1] 本书中所提及的司法的政治功能，则体现了司法对于国家政治要求的回应，即司法在调整与国家政权相关的各种利益关系时如何适应国家政权的要求，在促进社会管理和社会稳定中发挥作用。司法的政治功能与司法政治化有着本质区别，具体而言：其一，司法的政治功能强调法院通过司法裁判活动对政治的介入和影响。在司法裁判过程中，法院裁判的依据不是政策，而是法律，由此实现了政治意志和法律裁判的分离。司法政治化则意味着，法院在审理案件时受到政治力量直接或间接的干预，法院无法独立行使审判权，更不可能成为制约立法与行政权力的主体。其二，司法的政治功能是法院在司法过程中将政治问题转化为法律问题，通过对案件的审判来认定政治行为是否合法。司法政治化则是将法律问题通过政治手段加以解决，即法院审判案件必须服从统治者、领导人的意志。因此，强调司法的政治功能绝不是要使法院成为政治的附庸，而是主张司法应积极地介入政治，从而发挥司法在平衡国家权力结构以及维护公民基本权利方面的作用。

四、党的领导和依法治国的辩证关系

党的领导与依法治国的辩证关系，是党的政策司法化的根本理论依据和政治依据。1978 年，中国共产党召开了十一届三中全会，这次全会作出了健全“社会主义法制”的决定并提出了“有法可依、有法必依、执法必严、违法必究”的法制工作方针，开辟了改革开放和社会主义法制建设新时期。1997 年 9 月，党的十五大报告提出“依法治国，建设社会主义法治国家”。这是中国共产党首次

---

[1] 参加张卫平：《司法改革之司法的去政治化》，载《司法改革评论》2014 年第 2 期。

将依法治国作为治国理政的基本方略，把建设社会主义法治国家作为党的重大历史任务。1999 年 3 月 15 日，第九届全国人大第二次会议通过《宪法修正案》，将“依法治国，建设社会主义法治国家”纳入宪法，使依法治国成为党领导人民治理国家的基本方略，使建设社会主义法治国家成为国家建设和发展的重要目标之一。党的十八大以来，我国的法治建设进入了全面依法治国新时代，习近平总书记把依法治国基本方略提升为全面依法治国基本方略。党的十九大报告进一步把坚持全面依法治国确立为坚持和发展中国特色社会主义的基本方略之一。党的二十大报告对坚持全面依法治国，推进法治中国建设作出重要部署，特别强调要“全面推进国家各方面工作法治化”。

全面依法治国，必须加强党的领导。习近平同志指出：“办好中国的事情，关键在党。中国特色社会主义最本质的特征是中国共产党领导，中国特色社会主义制度的最大优势是中国共产党领导。坚持和完善党的领导，是党和国家的根本所在、命脉所在，是全国各族人民的利益所在、幸福所在。”[1] 在法治领域，更是如此。“党的领导是中国特色社会主义法治之魂，是我们的法治与西方资本主义法治最大的区别。”[2]“坚持中国特色社会主义法治道路，最根本的是坚持中国共产党的领导。”[3]“推进和拓展中国式法治现代化，要有利于加强和改善党的领导，有利于巩固党的执政地位、完成党的执政使命。”[4] 加强党对全面依法治国的领导，就是

---

[1] 习近平：《论坚持党对一切工作的领导》，中央文献出版社 2019 年版，第 59 页。

[2] 中共中央文献研究室编：《习近平关于全面依法治国论述摘编》，中央文献出版社 2015 年版，第 35 页。

[3] 习近平：《加快建设社会主义法治国家》，载《求是》2015 年第 1 期。

[4] 习近平：《论坚持全面依法治国》，中央文献出版社 2020 年版，第 2 页。

要健全党领导全面依法治国的制度和工作机制，把党的领导贯彻到依法治国全过程和各方面，更好落实全面依法治国基本方略。这既是我国社会主义法治建设的一条基本经验，也是全党全民的广泛共识，更是中国共产党行使领导权和执政权的必然要求。坚持党的领导，不是一般的宣言或口头原则，其关键在于充分发挥党总揽全局、协调各方的领导核心作用，通过领导立法、保证执法、支持司法、带头守法，把党的领导贯穿依法治国全过程、各领域、各方面。

"党的领导"和"全面依法治国"是辩证统一的，在任何时候都不能偏离，既不能以依法治国否定党的领导，也不能以强调党的领导而损害法律的权威性和法治的精神。在司法领域，坚持党的领导，就要服务党的中心工作和工作大局，自觉贯彻执行党的路线方针政策，为党和国家工作大局提供有力的司法保障。在涉及司法工作全局、法院改革发展等重大问题上，在遇有重大、疑难、敏感案件的审理时，法院应主动向党委报告，取得党委的重视和支持。实践证明，只有认真贯彻党的路线方针政策，坚持和服从党的领导，坚持为党和国家工作大局服务，人民法院的审判工作才能保持正确的政治方向，人民法院的审判职能才能得到充分发挥，人民法院才能正确地执行和运用党的政策，更好地达到法律效果、政治效果和社会效果的高度统一，人民司法事业才能得到顺利发展。人民法院的司法审判工作离不开党的领导和支持。支持司法是党的领导与司法规律有机结合的科学体现，通过正确处理党的领导与司法机关依法独立公正行使审判权的关系，保证党委及其政法委依照宪法法律，运用法治思维和法治方式领导政法工作，为独立公正司法创造良好环境，防止领导干部干预司法活动、插手具体案件的处理。[1]

---

〔1〕 参见张文显主编：《法理学》，高等教育出版社2018年版，第421页。

第三节 政策司法化的实践基础
——中国的政法体制

由于中国共产党的特殊地位,形成了中国特色的“高位推动”的政策执行模式。中国共产党在政策司法化过程中发挥重要的领导与推动作用,主要体现为对法院的政治领导、思想领导和组织领导。中国共产党对政策司法化的领导与推动过程与我国的政法体制密不可分。当代中国政法体制的形成,是党的领导体制进入并逐渐嵌入国家政权体制的过程,它主要包括两个方面:一方面是以块块管理为主的同级党委领导体制〔1〕,另一方面是以条条管理为主的自上而下的集中统一领导体制。这两个方面都促成了具有中国特色的党中央集中统一领导的政法体制。执政党对政法工作的领导是宏观领导,即执政党对政法工作方针政策、体制机制、队伍建设等全局工作的指导。党的十八大之前,关于党对司法的领导的基本定位是“政治领导、思想领导、组织领导”〔2〕。党的十八大以后,我国政法体制开始进行具有中国特色的制度性重塑,党管政法的范围被进一步明确为“管方向、管政策、管原则、管干部,不是包办具体事务,不要越俎代庖”〔3〕。这既从正面肯定了执政党对政法工作的领导应是宏观领导,又将政法机关对执法办案等业务

〔1〕 参见侯猛:《当代中国政法体制的形成及意义》,载《法学研究》2016 年第 6 期。

〔2〕 黄文艺:《习近平法治思想中的政法理论述要》,载《行政法学研究》2023 年第 1 期。

〔3〕 习近平:《党的领导和社会主义法治是一致的》,载习近平:《论坚持全面依法治国》,中央文献出版社 2020 年版,第 44 页。

工作的微观管理排除在外。

2019 年 1 月 13 日，中共中央印发《中国共产党政法工作条例》[1]，这是中国共产党自建党以来出台的首个针对政法工作的党内基本法规，指明了新时代政法工作的方向，为新时代政法工作的展开提供了基本遵循。[2]《中国共产党政法工作条例》作为政法领域的第一部党内基本法规，规定了"谁来领导""领导什么""如何领导"等重大问题，不仅首次区分了党中央与地方党委、政法委和政法单位党组对政法工作的领导，确认了"党管政法"的"上下左右"关系[3]，而且确认了党中央对政法工作的绝对领导，规定了地方党委、政法委与政法单位党组领导政法工作的主体责任。党对法院工作的领导，形成了以党中央为中枢，各级党委总揽全局、党委政法委归口管理、组织协调，法院党组主管主抓的政法工作领导体系。[4] 中国共产党通过党中央、地方党委、党委政法委、法院党组等组织，领导和推动政策司法化。

一、党中央的领导与推动

党中央在政策司法化过程中发挥重要的领导与推动作用。根据《中国共产党政法工作条例》的相关规定，党中央对司法工作的领导为"绝对"和"全面"领导。所谓"绝对领导"，是指党中央决定法院工作的大政方针，法院工作中关乎长远发展的重大举措和部

[1] 参见《中共中央印发〈中国共产党政法工作条例〉》，载《人民日报》2019 年 1 月 19 日，第 2 版。

[2] 参见章志远：《党内法规研究方法论探析》，载《法学论坛》2019 年第 4 期。

[3] 参见于晓虹、杨惠：《党政体制重构视阈下政法工作推进逻辑的再审视——基于〈中国共产党政法工作条例〉的解读》，载《学术月刊》2019 年第 11 期。

[4] 黄文艺：《习近平法治思想中的政法理论述要》，载《行政法学研究》2023 年第 1 期。

署,以及法院工作中重大事项的管理工作。[1] 所谓“全面领导”是指中国共产党对法院工作进行政治领导、思想领导和组织领导。具体来说:第一,政治领导。党的政治领导是指党在政治方向、政治路线、政治原则和方针、政策上的领导。中国共产党制定司法工作的路线、方针和原则,法院坚定不移把党的路线方针政策落实到法院工作的各个环节,从而发挥党对法院工作的宏观指导作用。第二,思想领导。党的思想领导主要是指将党的指导思想融入法院工作的具体实践中,坚持以习近平新时代中国特色社会主义思想指导司法实践,推动法院工作。目前法院系统主要通过政治学习,使广大法院干部的理想信念更加坚定、理论素养不断提高、党性修养切实增强,从而实现党的思想领导。例如,2019 年 6 月 21 日,周强在主持最高人民法院党组理论学习中心组专题学习研讨时强调,广大法院干警要认真贯彻落实《习近平新时代中国特色社会主义思想学习纲要》的通知精神,深入学习贯彻习近平新时代中国特色社会主义思想。第三,组织领导。党的组织领导主要体现为党管干部原则。“党管干部”意味着党委负责干部的产生、任命、考核、奖惩、免职。虽然根据我国《宪法》和《法官法》的有关规定,最高人民法院院长由全国人民代表大会选举和罢免,地方各级人民法院院长由地方各级人民代表大会选举和罢免;但根据党管干部的原则,对于法院院长的产生,上级党委具有“主管权”,上级法院党组享有一定的“协管权”,法院同级党委对法院院长的产生也有一定的影响。[2] 中国共产党通过政治领导、思想领导和组织领导,实现了对政策司法化的领导与推动作用。

---

〔1〕 参见《中国共产党政法工作条例》第 7 条。

〔2〕 参见刘忠:《条条与块块关系下的法院院长产生》,载《环球法律评论》2012 年第 1 期。

二、地方党委的领导与推动

地方党委在政策司法化过程中,亦发挥重要的领导与推动作用。按照《中国共产党地方委员会工作条例》的有关规定,地方党委在本地区发挥总揽全局、协调各方的领导核心作用,按照协调推进"四个全面"战略布局,对本地区经济、政治、文化、社会、生态文明建设实行全面领导,对本地区党的建设全面负责。[1] 当代中国政法体制中,既有上下级法院之间的"条条关系",又存在法院党组与地方党委之间的"块块关系"。法院既要处理好与上级法院之间"条"的关系,又要协调好与地方党委"块"的关系。《中国共产党政法工作条例》第 9 条规定"县级以上地方党委领导本地区政法工作,贯彻落实党中央关于政法工作大政方针,执行党中央以及上级党组织关于政法工作的决定、决策部署、指示等事项"。该条例同时规定,县级以上地方党委应当以贯彻党中央精神为前提,对本地区政法工作中的事项,落实领导责任。《中国共产党政法工作条例》特别强调"县级以上地方党委应当以贯彻党中央精神为前提",这有利于破解司法地方化、行政化,确保司法权依法独立规范运行。具体而言,地方党委政法工作的领导责任,涵盖政治安全、维稳、统筹政法工作与经济社会发展、维护市场经济秩序、政法改革、平安建设、党委执法监督、政法队伍建设、改善执法司法环境、干警履职保障和其他等 11 项清单化的职责任务。在政策司法化的过程中,应当加强地方党委对法院的领导,加强地方党委对法院的领导,主要是建立健全地方党委领导政法工作的制度机制,包括党委全委会或者常委会定期研究部署政法工作制度,听取法院党组主要负责人述职制度,对法院党组工作情况督促检查、考评考核制

[1] 参见《中国共产党地方委员会工作条例》第 3 条。

度，推动本地区政法事业持续健康发展。

三、党委政法委员会的推动

党委政法委员会是党委领导和管理政法工作的职能部门，是实现党对政法工作领导的重要组织形式，也是推动政策司法化的重要组织之一。根据《中国共产党政法工作条例》的有关规定，党委政法委员会在党委领导下履行职责、开展工作，应当把握政治方向、协调各方职能、统筹政法工作、建设政法队伍、督促依法履职、创造公正司法环境，带头依法依规办事，保证党的路线方针政策和党中央重大决策部署贯彻落实，保证宪法法律正确统一实施。[1]党委政法委员会应当推动完善和落实政治督察、执法监督、纪律作风督查巡查等工作制度机制，全面推进政法工作特别是党中央决定、决策部署、指示等贯彻落实。细究《中国共产党政法工作条例》规定的党委政法委员会十项职责，党委政法委员会对政法工作主要是履行“协调”和“督查”的职责。具体而言：其一，“协调”即党委政法委员会统筹协调社会治安综合治理、维护社会稳定、反邪教、反暴恐等有关国家法律法规和政策的实施工作。2018 年全国开展了为期 3 年的扫黑除恶专项斗争，均由各级党委政法委牵头协调。2018 年 7 月，中共中央办公厅、国务院办公厅印发的《全国扫黑除恶专项斗争督导工作方案》也明确规定：“由中央政法委牵头，会同全国扫黑除恶专项斗争领导小组成员单位，组成扫黑除恶专项斗争中央督导组开展督导工作。”因此在扫黑除恶专项斗争中，中央政法委发挥了重要的组织和协调作用。其二，“督查”即党委政法委定期或临时自行组织或组织政法单位和相关单位成立联合检查组，或直接派员参加政法单位和有关单位成立的联合调查

---

〔1〕 参见《中国共产党政法工作条例》第 12 条。

组,对政法单位执法司法工作中存在的突出问题开展执法检查,并督促政法单位整改的监督方式。

四、法院党组的贯彻执行

法院党组是党中央和地方各级党委的派出机构,是实现党对法院工作领导的重要组织形式和制度保证。为了更好地贯彻落实党的路线、方针、政策,坚持和加强党的全面领导,提高党的长期执政能力和领导水平,更好发挥党总揽全局、协调各方的领导核心作用,按照党章的有关规定,各个法院均设立了党组。法院党组是否坚强有力,直接关系法院工作能否保持正确政治方向,关系审判职能作用能否得到充分有效发挥。根据《中国共产党党组工作条例》的规定,法院党组是中国共产党在最高人民法院和地方法院的领导机关中设立的领导机构,发挥领导作用,是党对非党组织实施领导的重要组织形式。党组应当坚决贯彻执行党中央以及上级党组织的决定、决策部署、指示等事项,确保工作落实。党组工作必须坚持以马克思列宁主义、毛泽东思想、邓小平理论、"三个代表"重要思想、科学发展观、习近平新时代中国特色社会主义思想为指导,切实履行领导职责,充分发挥领导作用,不断提高领导水平,确保本单位全面贯彻党的基本理论、基本路线、基本方略,确保党始终成为中国特色社会主义事业的坚强领导核心。[1]

党组主要推动党的主张和重大决策转化为法律法规、政策政令和社会共识,确保党的理论和路线方针政策的贯彻落实。法院党组在领导和组织开展工作中应当把方向、管大局、保落实,发挥好领导作用。法院党组的权力配置遵循"集体决策"与"归口管理"原则。具体而言,法院党组的主要职责为:第一,法院党组执行党

---

〔1〕 参见《中国共产党党组工作条例》第3条。

的路线方针政策和党中央重大决策部署。2019 年 2 月 27 日最高人民法院印发的《关于深化人民法院司法体制综合配套改革的意见——人民法院第五个五年改革纲要(2019—2023)》(以下简称《五五改革纲要》)强调,发挥好党组把握政策取向、改革方向、办案导向的作用,确保党的基本理论、基本路线、基本方略在人民法院各项工作中不折不扣落到实处。为及时宣传上级党委的意志、声音、决策,法院党组会以逐级传达会议精神的方式进行动员部署。第二,研究重大事项或者重大案件,制定依法处理的原则、政策和措施,研究制定司法政策。法院党组通过研究重大事项或者重大案件,将党的政策纳入其中,以推动党的政策的实施。《中国共产党党组工作条例》列举了党组讨论和决定本单位的十二项重大问题,此外还规定党组应当紧密结合本单位实际,对列举的十二项重大问题进行明确细化、列出具体清单。[1] 最高人民法院党组经常召开党组会议讨论业务工作发展战略、重大部署和重大事项。例如,在新冠肺炎疫情期间,最高人民法院党组召开专题会议研究如何应对新冠肺炎疫情,部署关于新冠肺炎疫情防控工作。第三,加强党建和法院队伍建设。一方面是对法院领导班子成员的管理,另一方面是对法院司法队伍的管理。通过理论教育、政治轮训制度,教育引导法院干警深入学习贯彻习近平新时代中国特色社会主义思想,激励法院干警坚定法治信仰、忠诚司法事业。在法官遴选任命、考核评价、监督管理、培养锻炼、奖励惩戒等工作中全面加强政治把关。综上所述,为了实现党和国家的政策目标,法院党组通过对党的理论和路线方针政策的落实,将政策目标转化于法院的日常工作之中;法院党组通过对法院内部重大问题的讨论与决定,把握了司法工作的政治方向;法院党组通过培养司法队伍和人

[1] 参见《中国共产党党组工作条例》第 17 条。

才，为政策目标的实现储备了人才力量。

第四节　政策司法化的主体及方式

一、最高人民法院政策司法化的方式——转化政策

我国司法体制存在与运行的政治逻辑，以及司法参与社会治理的当代功能等客观现实，使司法服务于政治与治理大局成为必然。中国政法体制下的人民法院绝非纯粹的化解争议的机构，人民法院的"终极目标仍然是政治性的目标——落实政党政策、维护现行政治体制，服务于国家的统治职能……"[1]。因此，这决定了最高人民法院需要将党的政策转化为司法政策，指导法院的各项工作。在法院系统中，最高人民法院处于最高地位。最高人民法院之所以具有"最高"地位，一方面在于最高人民法院行使最高审判权，另一方面在于最高人民法院是各级地方法院的"共同上级法院"，"最高"是一种政治地位或者行政级别的象征。[2] 换言之，最高人民法院的重要性一方面在于通过上诉法院的地位进行主流价值引导，另一方面则需要通过自身的"政治权威"即"宪法地位权威"成为公共政策法院。从最高人民法院所处的特殊地位来看，在政策司法化过程中，其所扮演的是一个"政策转化者"的形象，即将党的政策通过一定的方式转化为司法政策，在全国各级法院贯彻和执行。[3]

---

〔1〕 杨建军：《法治国家中司法与政治的关系定位》，载《法制与社会发展》2011年第5期。

〔2〕 参见彭中礼：《最高人民法院的"通知"研究》，载《法律科学（西北政法大学学报）》2020年第4期。

〔3〕 参见侯猛：《中国最高人民法院研究——以司法的影响力切入》，法律出版社2007年版，第173－176页。

中国共产党的政策是最高人民法院的行动指南和行动纲领，决定了全国各级人民法院工作的方向和重心任务。中国特色社会主义司法作为中国特色社会主义事业的重要组成部分，必须服务于经济社会发展的大局，不断满足人民日益增长的司法需求。可以说，最高人民法院的工作一直镶嵌于“服从于政治、服务于党和国家的工作大局”之中。由于最高人民法院居于法院系统的最高等级，其在发布政策、制定规则方面具有充分的优势。在政策司法化过程中，最高人民法院主要发挥转化政策的作用。最高人民法院将党的政策转化为司法解释、司法文件、指导性案例，将政治话语转化为法律话语，要求地方各级法院贯彻执行，以充分发挥其作为“最高法院”的影响力以及其对地方各级法院的“辐射作用”。最高人民法院对于政策的转化，其政治意义远大于法律意义，它是连接法律与政治的一座桥梁，也表明最高人民法院在大局意识下为法官用法提供了统一的政策解释。例如，自新冠肺炎疫情暴发以来，党中央制定了一系列政策来积极应对新冠肺炎疫情对中国经济、社会的影响。在这种背景下，最高人民法院紧紧围绕党中央关于积极应对新冠肺炎疫情的决策，及时制定并发布了一系列司法解释、指导性案例和司法文件，以指导全国法院的审判执行工作。[1]

---

〔1〕 如最高人民法院为积极应对新冠肺炎疫情带来的不利影响，以统筹推进疫情防控和经济社会发展工作为立足点，为经济社会秩序全面恢复提供精准司法服务和保障，制定了三部关于依法妥善审理涉新冠肺炎疫情民事案件若干问题的指导意见。此外，最高人民法院还单独或会同有关单位制定依法惩治妨害疫情防控犯罪、惩治妨害国境卫生检疫犯罪、保障复工复产等意见，完善服务“六稳”“六保”司法举措，发布57个惩处涉疫犯罪和服务复工复产典型案例，努力为抗疫护航、为大局服务。

二、地方法院政策司法化的方式——执行政策

如前所述，我国的政法体制是纵横交错的条块结构，因此法院系统深嵌在“条条”与“块块”的组织结构关系中，在这种条块关系中，地方法院同时受到上级法院和同级党委两方的牵引。〔1〕 地方法院作为地方党委领导的政法单位，其所依赖的资源，一方面来源于上级法院的供给，另一方面来源于司法场域外同级党委的供给。因此，地方法院既需要接受来自上级法院的指导与监督，也需要处理好与地方同级党政机关的关系。党的十八届三中全会通过的《中共中央关于全面深化改革若干重大问题的决定》确立了“深化司法体制改革”的目标，标志着新一轮司法改革拉开了序幕。在本轮司法改革前，基层人民法院、中级人民法院和高级人民法院的人、财、物都受制于同级党委和政府，因此地方党政机关会基于地方发展或者治理的要求，为地方法院分派司法职能以外的任务，并将地方法院作为地方党政机关的一个部门来考核。这意味着，各地方法院不仅要服从于上级法院提出的“中心工作”，还要配合地方党委的“中心工作”；各地方法院不仅要执行最高人民法院制定的司法政策，也需要积极回应地方党委制定的政策。〔2〕 相对于最高人民法院，地方法院在执行党的政策时，还有服务地方、解决地方具体问题的功能。〔3〕 司法实践中，地方各级法院所发挥的主要功能不是制定政策或转化党的政策，而是执行或贯彻落实政策。

---

〔1〕 参见何博、夏立安：《地方法院“造法”的逻辑——以温州等地宅基地流转试验为切入点》，载《政治与法律》2012 年第 2 期。

〔2〕 参见方乐：《法官责任制度的功能期待会落空吗?》，载《法制与社会发展》2020 年第 3 期。

〔3〕 参见孟融：《中国法院如何通过司法裁判执行公共政策——以法院贯彻“社会主义核心价值观”的案例为分析对象》，载《法学评论》2018 年第 3 期。

地方法院执行政策呈现出以下两方面特点：一方面，基于执行政策“自上而下”的视角[1]，地方法院直接贯彻落实党中央和地方党委的政策，服务地方大局。如北京市高级人民法院2019年工作报告中提到“落实《北京市进一步优化营商环境行动计划》要求，制定具体实施办法，出台依法平等保护民营企业权益的若干意见”“认真落实市委《关于加强知识产权审判领域改革创新的实施意见》”“服务保障冬奥会冬残奥会筹办，依法妥善解决延崇高速、京张高铁建设等工作中的矛盾纠纷”。另一方面，地方法院对最高人民法院制定的司法政策予以贯彻落实。如，党的十八大以来，党中央相继出台有关优化营商环境方面的政策；最高人民法院制定司法解释、司法文件以及发布相关指导性案例，以体现司法在统筹推进营商环境建设中的功能定位；各地方法院根据本地区实际情况，制定关于优化营商环境方面的具体实施方案，以贯彻执行最高人民法院关于优化营商环境方面的司法政策。例如，吉林省高级人民法院出台了《推进法治化营商环境建设专项行动方案》《法治化营商环境建设评价指标体系及操作规则》；江西省高级人民法院出台了《关于助力优化营商环境为全省高质量跨越式发展提供司法服务和保障的若干意见》；上海市高级人民法院出台了《上海法院进一步推进法治化营商环境建设实施方案》。

三、法官政策司法化的方式——运用政策

在我国，司法工作的运作实际上深深嵌在党政体制中。法官是多重角色的复合体，既是政治人，也是法律人，其多重角色不仅要求法官要关注政策实施，同时还要求法官兼具政策思维和法律

---

[1] 参见[英]迈克·希尔、[荷]彼特·休普：《执行公共政策：理论与实践中的治理》，黄健荣等译，商务印书馆2011年版，第62－72页。

思维,兼顾法律效果、社会效果和政治效果。具体来说:其一,法官是政治人,具有政治理性。司法的政治功能决定了法官政治人的角色定位,讲政治、讲大局,是衡量裁判有效性的重要指标。[1] 法院的政治属性决定了法官应当积极主动地为党和国家工作大局服务,为经济社会发展服务。法官审理案件时,不能仅仅局限于法律文本的规定,同时也要考量党的事业和人民的利益,使司法实践更加贴近执政党的意志和主张,使司法审判更好地融入我国的政治大局。其二,法官是法律人,具有法律理性。法官应当严格依法独立行使审判权,严格遵循司法规律,从司法知识和司法技术的角度审理案件,保持身份的中立及行动上的被动。综上所述,法官的双重属性决定了法官审理案件的活动不是一个简单的程式化活动,法官在裁判时不能只依据法律规定机械办案,还要实现社会效果、政治效果和法律效果相统一的目标。

实践中,法官在司法裁判中运用政策、考量政策已经成为一种常态。司法裁判是"查明案件事实的基础上寻找合适的法律规范,并在法律规范和案件事实的基础上推理形成裁判结论"[2] 的过程。按照司法裁判的逻辑,法官应当严格依据法律规定作出裁判,同时也应当清晰认识到,法律规范不是司法裁判唯一需要考量的因素,法官在司法裁判中也应当积极考量并运用党的政策。法官审理案件在准确适用法律的同时,也通过对政策的运用与考量,实现司法裁判的法律效果、政治效果和社会效果的统一。法官在司法裁判中运用政策的动力源自两个方面:一方面,党的政策反映和体现了国家大局,党的宏观政策对于法官司法裁判具

〔1〕 参见殷勤:《论法官的公共理性》,载《人民司法(应用)》2016年第22期。
〔2〕 参见潘自强、邵新:《裁判文书说理:内涵界定与原则遵循》,载《法治研究》2018年第4期。

有导向作用；另一方面，党的政策在转型期的社会中更能够及时反映社会的需求，法官在司法裁判中运用政策，将政策引入裁判将有利于提高裁判结果的社会妥当性，实现司法裁判的社会效果。

从宏观层面分析，法官在司法裁判中考量并运用党的政策，是能动司法的要求，也是司法的政治性以及司法服务大局的政治功能决定的。我国能动司法的本质要求是："发挥司法的主观能动性，积极主动地为大局服务，为经济社会发展服务。"[1]能动司法要求法官"具有宏观思维和战略眼光，把司法审判放在党和国家工作大局中加以考虑，把执行党的路线方针政策体现和实现于司法审判过程之中，把维护全局利益体现和实现于个案的公正审判之中"[2]。法官在裁判中考量并运用党的政策，也是司法裁判追求政治效果的必然要求。追求司法裁判的政治效果意味着法官在审判案件过程中不仅要遵循司法规律、准确适用法律，还要奉行政治理想、政治信念和政治价值，具有敏锐的政治眼光和足够的政治智慧，使案件的审判结果符合党和国家的大局。[3] 如果法官审理案件忽视对党的政策进行深入研究，孤立机械地适用法律，机械司法，忽视党的宏观政策对于司法的导向作用，导致司法裁判脱离党的宏观政策的指导，法律适用的实际效果必将大打折扣，无法实现法律效果、社会效果、政治效果相统一。[4] 法官在司法审判中考量政策，以服务党和国家大局为目标，以政策导向平衡全局利益，以

---

〔1〕 魏胜强：《法律方法视域下的人民法院改革》，载《中国法学》2014 年第 5 期。

〔2〕 关倩：《法官视角中的能动司法》，载《法律科学（西北政法大学学报）》2012 年第 1 期。

〔3〕 参见孔祥俊：《司法哲学》，中国法制出版社 2017 年版，第 279 页。

〔4〕 参见江必新：《司法审判中非法律因素的考量》，载《人民司法》2019 年第 34 期。

法律规则为适用基础，运用法律解释和法律论证等方法，引导案件处理取得积极的政治效果，能够有效克服单纯形式正义的不足，有效克服法律规则的僵化性。[1] 例如，新冠肺炎疫情期间，全国法院坚决贯彻落实习近平总书记系列重要讲话精神和党中央的工作部署，服务疫情防控大局，把人民群众的生命安全和身体健康放在第一位，充分发挥刑事审判职能作用，严格依法办案，准确把握政策，及时、从严惩处一批妨害疫情防控的犯罪分子，有力维护了人民群众生命健康和社会大局稳定，为坚决打赢疫情防控阻击战提供有力司法保障。法官对政策的运用，反映了国家意志在司法领域的渗透，通过对政治性结果进行论证，可以实现法律效果与政治效果的平衡。

从微观层面分析，法官在司法裁判中运用政策，将政策引入裁判将有利于提高裁判结果的社会妥当性，实现司法裁判的社会效果。从法律适用的角度而言，司法裁判是将作为小前提的案件事实，涵摄到作为大前提的法律规范的思维活动。作为大前提的法律规范本身具有抽象性、模糊性，这给政策进入司法裁判提供了一定的空间。法律具有明显的滞后性。面对社会情势的快速变化，如何协调司法裁判的法律效果和社会效果、政治效果，一直是法治建设的永恒难题。法社会学派主张“应当关注法律制度的实际社会效果，而不是封闭的规范体系和概念”[2]。由于政策具有显著的灵活性优势，社会情势快速变化的情况下，政策与法律相比，更容易与社会情势发展变化保持同步，能够更好地回应和满足人民群众对司法服务的新需求，可以有效弥补现行法律僵化、滞后的不

---

〔1〕 参见江必新：《司法审判中非法律因素的考量》，载《人民司法》2019 年第 34 期。

〔2〕 张文显：《二十世纪西方法哲学思潮研究》，法律出版社 2006 年版，第 97 页。

足。因此,法官在审理案件时通过适当的方式将具有灵活性的政策引入司法裁判,能够将政策中所蕴含的价值判断、利益衡量和时事因素融入司法裁判过程,有利于提高司法裁判的灵活性和裁判结果的社会妥当性。[1] 法官在裁判文书中对政策的运用:一方面表现为法官直接适用政策,将政策作为裁判依据,即政策出现在裁判文书"依据……判决"部分。1986 年《民法通则》第 6 条规定:"民事活动必须遵守法律,法律没有规定的,应当遵守国家政策。"这意味着在过去 30 多年,在无法律规定的情况下,国家政策可以成为法官裁判的依据,政策发挥着弥补法律漏洞的重要作用。在法律存在明显漏洞的情况下,争议案件没有具体的规则可供援引,法官经常依据政策审理案件,进行法律漏洞填补。[2] 2017 年施行的《民法总则》用"习惯"取代了"国家政策",取消了政策的法律渊源地位。《民法总则》实施后,法官便不能再直接将政策作为裁判依据。另一方面,法官通过说理的方式,将政策的基本内容纳入裁判文书中。司法裁判是将案件事实涵摄到法律规范的思维活动。从司法实践来看,司法审判在两个维度上展开,一个是案件事实的维度,主要是通过具体的证据来展现,另一个则是法律规范的维度。无论是案件事实的裁剪,还是法律规范的选择,法官均可以运用政策进行说理,论证其自由裁量的合理性。政策的内容出现在裁判文书"本院认为"部分,对裁判依据起补充论证的作用,以提高裁判结论的可接受性。

---

〔1〕 参见江必新:《司法审判中非法律因素的考量》,载《人民司法》2019 年第 34 期。

〔2〕 参见刘思萱:《论政策的司法回应——以 1979 年以来我国企业改革政策为例》,载《社会科学》2012 年第 4 期。

第五节　政策司法化的载体

如前所述,最高人民法院将党的政策转化为司法解释、司法文件、指导性案例等实现政策司法化;地方法院贯彻执行党的政策以及最高人民法院的司法政策实现政策司法化;法官将党的政策作为裁判文书的说理依据,运用于司法裁判中实现政策司法化。"司法解释""政策性司法文件""工作性司法文件""指导性案例"等四种载体是党的政策进入司法场域的中介,也即政策司法化的载体。最高人民法院政策司法化的主要载体为"司法解释""政策性司法文件""工作性司法文件""指导性案例";地方法院政策司法化的主要载体为工作性司法文件。

一、司法解释

司法解释是最高人民法院政策司法化的重要载体之一,是最高人民法院在适用法律过程中就具体应用法律问题所作的解释。全国人民代表大会常务委员会《关于加强法律解释工作的决议》以及《人民法院组织法》对最高人民法院的司法解释制定权作出了明确规定。[1] 由于法律本身具有难以克服的非圆满性,法律的滞后性与司法实践的变动性之间的矛盾存在于司法过程之中。换言之,"法律必然有漏洞"[2]。司法的基本任务是将法律规则应用于

[1] 1981年通过的《关于加强法律解释工作的决议》规定:"凡属于法院审判工作中具体应用法律、法令的问题,由最高人民法院进行解释。"《人民法院组织法》第18条第1款规定:"最高人民法院可以对属于审判工作中具体应用法律的问题进行解释。"

[2] [德]拉伦茨:《法学方法论》,陈爱娥译,商务印书馆2003年版,第246页。

裁判，但司法不仅仅是将纸面法律适用于司法裁判的过程，法律概念、法律原则，甚至法律文本都有解释性空间，它们为党的政策进入司法解释提供了一定空间。近年来，最高人民法院积极回应国家经济、政治、文化、社会和生态环境政策，制定了多部司法解释。

第一，在生态文明建设方面，最高人民法院制定关于推进生态文明建设战略方面的司法解释。党的十八大报告首次将生态文明建设提升到“五位一体”的总体布局之中。中共中央、国务院相继出台《关于加快推进生态文明建设的意见》《生态文明体制改革总体方案》两份纲领性文件，为生态文明的法治建设指明了方向。党的十九大报告明确提出了建设美丽中国目标，提出加快生态文明体制改革的任务。最高人民法院积极回应党中央这一战略决策，制定了若干落实生态环境保护政策的司法解释，对于司法实践中亟待明确的生态环境损害赔偿诉讼受理条件、证据规则、责任范围、赔偿协议司法确认等问题予以规定，为积极推进生态文明建设提供了有力的司法保障。[1]

第二，最高人民法院制定关于建设创新型国家战略方面的司法解释。近年来党中央强调实施创新驱动发展战略，先后发布《关于深化体制机制改革加快实施创新驱动发展战略的若干意见》《深化科技体制改革实施方案》《国家创新驱动发展战略纲要》。党的十九大报告提出了建设创新型国家重大战略决策，提出了“强化知识产权创造、保护、运用”的要求。为及时回应党中央提出的建设创新型国家战略，加强知识产权运用和保护的政策，最高人民法院发布了《关于审理侵犯专利权纠纷案件应用法律若干问题的解释（二）》，统一和细化专利侵权裁判标准，遏制侵犯专利权的行为，强化司法裁判对科技创新的导向作用，有效激励了自主创新和技术

---

〔1〕 如最高人民法院《关于审理生态环境损害赔偿案件的若干规定（试行）》。

跨越,为创新型国家建设提供了法治保障。

第三,在社会民生方面,最高人民法院制定关于乡村振兴战略方面的司法解释。党的十九大作出实施乡村振兴战略的重大决策部署。为深入贯彻落实习近平总书记关于实施乡村振兴战略的重要论述,全面贯彻党的十九大精神和中共中央、国务院《关于实施乡村振兴战略的意见》《乡村振兴战略规划(2018—2022 年)》,最高人民法院发布司法解释以应对涉及农村土地承包经营纠纷案件出现的新问题,依法保护农民土地承包经营权。[1]

第四,最高人民法院制定有关优化营商环境政策方面的司法解释。党的十八大以来,中共中央高度重视营商环境的改善和优化,习近平总书记多次指出要营造稳定公平透明、可预期的营商环境。国务院还发布了《优化营商环境条例》,从制度层面为优化营商环境提供更有力的保障和支撑。司法解释在保障法律正确适用、统一裁判尺度、保障公民权利实现、完善立法规定等方面发挥着关键作用。所以说,司法解释对营商环境建设中司法服务和保障工作的推进至关重要。为落实党中央关于优化营商环境的决策部署,最高人民法院发布了有关优化营商环境政策方面的司法解释,通过出台司法解释强化审判执行破产工作,加强对各种所有制经济组织和自然人财产权的保护,为营造稳定公平透明、可预期的营商环境提供有力的司法保障。[2]

第五,最高人民法院制定有关促进政府依法行政方面的司法解释。党的十九大提出建设法治政府的目标。为了积极回应党中

---

〔1〕 如最高人民法院《关于审理涉及农村土地承包经营纠纷调解仲裁案件适用法律若干问题的解释》(2020 年修正)。

〔2〕 如最高人民法院《关于适用〈中华人民共和国企业破产法〉若干问题的规定(三)》、最高人民法院《关于修改〈最高人民法院严格规范民商事案件延长审限和延期开庭问题的规定〉的决定》。

央政策,强化对行政权力的制约和监督,最高人民法院发布了《关于适用〈中华人民共和国行政诉讼法〉的解释》。这一司法解释充分体现了党的十九大报告关于"建设法治政府,推进依法行政,严格规范公正文明执法""深化机构和行政体制改革"的重要要求,是法院贯彻落实党的十九大精神的重大司法举措。此后,最高人民法院又发布了《关于审理行政协议案件若干问题的规定》,以求对切实保障人民群众在行政协议中的合法权益,推进法治政府诚信政府建设,提高政府行政治理能力产生积极深远的影响。

综上所述,党的政策是最高人民法院制定司法解释的重要参考。司法解释是最高人民法院执行党的政策的重要载体,对于推动最高人民法院贯彻落实党的政策发挥着不可替代的作用。

二、政策性司法文件

政策性司法文件,也可以被理解为狭义的"司法政策",是指最高人民法院为了对司法活动进行指引和规范,所制定的方针、路线以及措施。[1] 政策性司法文件与最高人民法院的司法解释存在一定的差别。司法解释主要是针对具体问题提出的具体适用意见,是最高人民法院法定职权的具体展现,具有法律层面的强制性,法官必须遵守。然而,虽然政策性司法文件也要求地方各级法院必须遵守,但是在法理上其更加强调法官在办案中将之作为一个需要把握的方向,而不是具体的裁判规范。政策性司法文件多为原则性内容,往往体现着最高人民法院在特定阶段的司法政策取向,从宏观层面指导各级法院的司法裁判工作。[2] 我国法院是政策实

---

〔1〕 参见李大勇:《论司法政策的正当性》,载《法律科学(西北政法大学学报)》2017 年第 1 期。

〔2〕 参见黄韬:《最高人民法院的司法文件:现状、问题与前景》,载《法学论坛》2012 年第 4 期。

施型法院,执行执政党在各个时期的政治与政策纲领是法院的中心任务。最高人民法院总是紧随历次党的全国代表大会宣示的路线,将执政党的意识形态转换成政策性司法文件,故政策性司法文件与党中央或国家政策间有紧密的前呼后应逻辑。[1] 政策性司法文件虽然不能被法官在裁判文书中直接援引,但是对法院而言具有行动指南的作用。政策性司法文件是执政党的政治意志在司法场域的转化,遵循着司法的政治逻辑。作为一种政治表态,政策性司法文件的政治意蕴已远超于其法律属性,是司法政治属性的集中体现。[2]

政策性司法文件由法院党组通过党的权力机制运作,其功能重在传递、贯彻、“转译”党的政策的内容或精神。政策性司法文件多表现为“意见”形式,为国家战略方针提供司法保障和服务。政策性司法文件是最高人民法院凭借其政治权威而非审级优势为执行党中央决策而层级贯彻落实的行政化文件。[3] 政策性司法文件“主要由或完全由原则性的规定组成,可以只规定行动的方向而不规定行为的具体规则”[4]。政策性司法文件不能被法官直接援引,但是对司法裁判起指导作用。近年来,最高人民法院围绕党和国家的中心工作,根据党的政策和社会形势发展需要,发布了大量政策性司法文件。

第一,制定关于司法体制改革方面的政策性司法文件。党的十八届三中全会确定了“深化司法体制改革”的重要任务。党的十九大作出“深化司法体制综合配套改革,全面落实司法责任制,努

---

〔1〕 参见谢岳:《当代中国政治沟通》,上海人民出版社2006年版,第131页。

〔2〕 参见安晨曦:《规范性司法文件的权威体系与概念分层》,载《甘肃政法学院学报》2020年第2期。

〔3〕 参见安晨曦:《规范性司法文件的权威体系与概念分层》,载《甘肃政法学院学报》2020年第2期。

〔4〕 张文显主编:《法理学》,高等教育出版社2003年版,第450页。

力让人民群众在每一个司法案件中感受到公平正义”的重大战略部署，标志着深化司法体制改革进入新阶段。为进一步深化法院各项改革，最高人民法院制定了《关于全面深化人民法院改革的意见——人民法院第四个五年改革纲要（2014—2018）》，提出 65 项改革措施。此外，就司法体制改革的核心内容即落实司法责任制，最高人民法院2018 年 12 月印发了《关于进一步全面落实司法责任制的实施意见》，对完善审判监督管理机制、健全法律统一适用机制等问题加强了指导。[1] 此外，最高人民法院 2019 年 2 月还印发了《最高人民法院关于深化人民法院司法体制综合配套改革的意见——人民法院第五个五年改革纲要（2019—2023）》，作为接下来 5 年指导人民法院深化司法体制综合配套改革工作的重要纲领。

第二，制定关于新冠肺炎疫情防控工作方面的政策性司法文件。为贯彻落实党中央关于统筹推进新冠肺炎疫情防控工作部署，依法妥善审理涉新冠肺炎疫情民事案件，维护社会和经济秩序，最高人民法院制定了关于依法妥善审理涉新冠肺炎疫情民事案件若干问题的指导意见[2]，要求各级人民法院立足统筹推进疫情防控和经济社会发展工作大局，积极参与诉源治理，切实把矛盾解决在萌芽状态、化解在基层。在涉新冠肺炎疫情民事案件的审理过程中，各级人民法院要根据案件实际情况，准确适用法律，平衡各方利益，保护当事人合法权益，服务经济社会发展，实现法律效果与社会效果的统一。此外，最高人民法院还发布了有关办理涉新冠

---

〔1〕 参见最高人民法院编：《中国法院的司法改革（2013—2018）》，人民法院出版社 2019 年版，第 3 页。

〔2〕 如最高人民法院《关于依法妥善审理涉新冠肺炎疫情民事案件若干问题的指导意见（一）》（法发〔2020〕12 号）、最高人民法院《关于依法妥善审理涉新冠肺炎疫情民事案件若干问题的指导意见（二）》（法发〔2020〕17 号）、最高人民法院《关于依法妥善审理涉新冠肺炎疫情民事案件若干问题的指导意见（三）》（法发〔2020〕20 号）。

肺炎疫情执行案件的意见,要求进一步突出强化善意文明执行理念,依法审慎采取强制执行措施,平衡协调各方利益,在依法保障胜诉当事人合法权益的同时,最大限度降低对被执行人权益的影响,为统筹推进经济社会发展各项工作提供有力司法服务和保障。[1]

第三,制定关于实施国家知识产权战略方面的政策性司法文件。党的十六届六中全会强调建设"创新型国家"。其后,党的十七大明确提出"实施知识产权战略"的重大部署。最高人民法院根据国家知识产权战略要求,结合人民法院知识产权司法保护工作实际,印发了若干关于贯彻实施国家知识产权战略的意见,以充分发挥法院在深化科技体制改革和加快国家创新体系建设中的审判职能作用。[2]

第四,制定关于多元纠纷化解机制方面的政策性司法文件。党的十八届四中全会确定了多元化纠纷解决机制改革。2015 年 12 月 6 日,中共中央办公厅、国务院办公厅联合印发《关于完善矛盾纠纷多元化解机制的意见》,从顶层设计对多元化纠纷解决机制建设进行战略安排。为贯彻《中共中央关于全面推进依法治国若干重大问题的决定》和《关于完善矛盾纠纷多元化解机制的意见》精神,最高人民法院发布了《关于人民法院进一步深化多元化纠纷解决机制改革的意见》,以充分发挥司法在多元化纠纷解决机制建设中的引领、推动和保障作用,为促进经济社会持续健康发展、全面建成小康社会提供有力的司法保障。

第五,制定关于保护企业家产权方面的政策性司法文件。中

[1] 参见最高人民法院《关于依法妥善办理涉新冠肺炎疫情执行案件若干问题的指导意见》(法发〔2020〕16 号)。

[2] 参见最高人民法院《关于贯彻实施国家知识产权战略若干问题的意见》(法发〔2009〕16 号)、最高人民法院《关于充分发挥审判职能作用为深化科技体制改革和加快国家创新体系建设提供司法保障的意见》(法发〔2012〕15 号)。

共中央、国务院于2016年11月印发《关于完善产权保护制度依法保护产权的意见》,旗帜鲜明地提出“加强产权保护”的指导方针和政策,明确了平等保护、全面保护、依法保护、共同参与、标本兼治的基本原则。在中央精神的指导下,最高人民法院于2016年11月28日发布《关于充分发挥审判职能作用切实加强产权司法保护的意见》,从产权司法保护的基本原则、司法政策和机制建设三个方面,对相关审判执行工作提出要求,并明确了产权保护的十大司法政策;最高人民法院还发布了《关于依法妥善处理历史形成的产权案件工作实施意见》,明确人民法院应当审慎把握司法政策、甄别纠正工作程序。中共中央、国务院于2017年9月8日发布《关于营造企业家健康成长环境弘扬优秀企业家精神更好发挥企业家作用的意见》,明确了激发和保护企业家精神的总体要求和主要任务,再次提出要依法保护企业家财产权。党的十九大又进一步强调要激发和保护企业家精神,鼓励更多社会主体投身创新创业。为深入贯彻上述文件和党的十九大精神,最高人民法院发布政策性司法文件,对如何充分发挥职能作用加大产权保护提出了明确的工作要求。〔1〕

综上所述,政策性司法文件是最高人民法院实施党的政策的重要载体。最高人民法院及时地将党和国家的方针政策转化为政策性司法文件,从而可以有针对性地指导各级人民法院的司法工作。随着社会经济的快速发展和民主法治建设的不断推进,党的政策不断发生变化,最高人民法院制定的政策性司法文件的内容也不断发生变化。政策性司法文件在宏观上可以指导司法机关的工作方向,在微观上对于司法裁判具有导向作用。

---

〔1〕参见最高人民法院《关于充分发挥审判职能作用为企业家创新创业营造良好法治环境的通知》(法〔2018〕1号)。

三、工作性司法文件

工作性司法文件也是政策司法化的重要载体。工作性司法文件一般是最高人民法院根据现实需要并且是针对现实问题提出的，主要目的在于解决某些具体法律问题，其包含的形式繁多。可以说，工作性司法文件是由最高人民法院制定的除司法解释、政策性司法文件外的一系列规范性文件，如座谈会纪要、人民法院纲要、最高人民法院官员的公开讲话稿、"答记者问"等。从类型来看，最高人民法院的工作性司法文件可以划分为三种形态：一是规划性意见，即对某一时期的工作提出的要求，对某一时期的工作要点和原则提出的努力方向，如最高人民法院陆续发布的5个人民法院五年改革纲要。[1] 二是实施意见，一般是为了使下级单位对某个问题有更深入的理解，如最高人民法院《关于进一步加强刑事冤错案件国家赔偿工作的意见》。三是具体工作意见，即为解决某些具体法律问题作出的比较具体的安排，如最高人民法院印发的《全国法院审理债券纠纷案件座谈会纪要》作为我国第一部审理债券纠纷案件的系统性司法文件，就债券纠纷案件审理中的法律适用问题作出了全面规定，其对于完善债券市场基础制度，提升债券

[1] 为了贯彻党的十五大确定的依法治国基本方略，积极、稳妥地推进法院改革，1999年最高人民法院发布了《人民法院五年改革纲要》；为了贯彻落实党的十六大提出推进司法体制改革要求，最高人民法院于2005年发布了《人民法院第二个五年改革纲要（2004—2008）》；为了贯彻落实党的十七大关于深化司法体制和工作机制改革的要求，2009年最高人民法院发布了《人民法院第三个五年改革纲要（2009—2013）》；为贯彻党的十八大和十八届三中、四中全会精神，最高人民法院发布了《关于全面深化人民法院改革的意见——人民法院第四个五年改革纲要（2014—2018）》（以下简称《四五改革纲要》）；为贯彻落实党的十九大和十九届二中、三中全会精神，2019年最高人民法院发布了《五五改革纲要（2019—2023）》。

风险处置机制的市场化法治化水平，全面落实对资本市场违法违规“零容忍”的工作要求，全力维护资本市场的健康稳定和良好生态均具有重要意义。

最高人民法院通过工作性司法文件将具体工作要求明确传递到地方各级法院，使地方各级法院知晓。工作性司法文件成为法院系统中传递信息的重要方式。最高人民法院发布司法文件时，一般都发至各地高级人民法院。高级人民法院接到最高人民法院的司法文件后，或以文件的形式转发至本辖区内的下级人民法院，或依据本辖区内具体情况制定相关实施细则等司法文件。高级人民法院充当了最高人民法院“政策助手”的角色，在政策上传下达的渠道中发挥着承上启下的作用。如为贯彻落实宽严相济的刑事政策，进一步规范刑罚裁量权，最高人民法院于2010年制定《人民法院量刑指导意见（试行）》后，各地高级人民法院结合本地的刑事审判实践，制定了具体实施细则。[1] 此外，各地方法院还根据本地区实际情况制定地方工作性司法文件，以直接贯彻落实党的政策。如为深入贯彻落实中央关于自由贸易试验区建设的决策部署，各地法院发布工作性司法文件并将自由贸易试验区的建设同“一带一路”相结合。[2] 再如，为贯彻落实党中央关于京津冀协同发展重大战略部

---

〔1〕 如河南省高级人民法院、上海市高级人民法院、广西壮族自治区高级人民法院分别制定了《河南省高级人民法院〈关于常见犯罪的量刑指导意见〉实施细则》《上海市高级人民法院〈关于常见犯罪的量刑指导意见〉实施细则》《广西壮族自治区高级人民法院〈关于常见犯罪的量刑指导意见〉实施细则》。

〔2〕 例如：上海市高级人民法院发布了《上海法院服务保障中国（上海）自由贸易试验区临港新片区建设的实施意见》和《上海法院涉外商事纠纷诉讼、调解、仲裁多元化解决一站式工作机制的指引（试行）》；天津市高级人民法院发布了《天津法院服务保障中国（天津）自由贸易试验区建设的意见》；广东省高级人民法院发布了《关于充分发挥审判职能为中国（广东）自由贸易试验区建设提供司法保障的意见》。

署,天津市高级人民法院提出了助力京津冀协同发展战略向纵深发展的40条具体举措。[1] 又如,党的十八大以来,党中央强调推动长江经济带发展,加强长江流域生态文明建设。为了贯彻落实党中央提出的这一重要部署,湖北省高级人民法院出台有关工作性司法文件,对全省法院加强长江流域环境资源审判工作作出部署,要求把环境资源审判工作置于当地生态环境建设发展的整体布局中来谋划。[2]

四、指导性案例

除了司法解释、司法文件外,指导性案例也是最高人民法院实施党的政策的重要载体之一。党的十八届四中全会提出了"加强和规范司法解释和案例指导,统一法律适用标准"的要求。最高人民法院通过统一发布对全国法院审判工作具有普遍指导意义的典型案例,规范了法官自由裁量权,统一了法律适用、提高了审判质量,提升了司法的公信力。同时,最高人民法院通过发布指导性案例,亦有助于发挥司法规范、指导、评价、引领社会价值的重要作用。案例指导制度建立后,法律、司法解释与指导性案例形成了"一体两翼"的裁判规则新格局,其中"一体"是指全国人大及其常委会制定的法律,"两翼"是指最高人民法院的司法解释与指导性案例。司法解释和指导性案例成为最高人民法院生成裁判规则和对下指导监督的两大利器。[3]

---

〔1〕 参见天津市高级人民法院《关于落实"三个着力"重要要求 为天津"一基地三区"建设提供司法保障的具体意见》。

〔2〕 参见湖北省高级人民法院《关于全面加强环境资源审判工作为长江流域生态文明建设与绿色发展提供司法保障的实施办法》。

〔3〕 参见姜远亮:《指导性案例与司法解释的关系定位及互动路径——以刑事审判为视角》,载《法律适用》2019年第8期。

最高人民法院发布的指导性案例承载着解决复杂疑难案件问题的优良裁判经验，可成为各地法官在审判实践中解释规范歧义、弥补法律漏洞以及探寻政策意图等的重要司法资源。[1] 自2011年12月20日最高人民法院发布第1批指导性案例以来，截至2022年12月30日，最高人民法院先后发布了211件指导性案例。指导性案例的遴选所遵循的不仅是“法律的逻辑”，而且更注重“政治的逻辑”，指导性案例的选择考量中的一个重要因素就是其所体现的“公共政策因素”。从最高人民法院以往发布的指导性案例来看，很多指导性案例体现了最高人民法院对党的政策的执行。如最高人民法院积极贯彻执行国家“一带一路”倡议，发布了若干涉外商事海事指导性案例，彰显了人民法院为推动高质量共建“一带一路”以及更高水平对外开放提供的有力司法服务和保障。[2] 再如，最高人民法院为积极服务创新驱动发展战略，发布了若干知识产权指导性案例，体现了最高人民法院对国家知识产权战略的有力回应。[3] 又如，最高人民法院为推进生态文明建设提供有力的司法服务，针对当前人民群众普遍关心的大气、水、土壤环境污染案件以及京津冀、长江经济带、黄河流域、大运河流域、粤港澳大湾区等重点区域生态保护案件发布指导性案例，统一了生态环境保护案件的裁判尺度，为助力打好污染防治攻坚战提供有力的司法保障。

---

[1] 参见孙光宁：《区别技术在参照指导性案例之司法实践中的应用及其改进——以指导性案例第24号为分析对象》，载《法学家》2019年第4期。

[2] 最高人民法院发布的第21批共6件指导性案例，主要涉及国际货物买卖合同纠纷、海上货物运输合同纠纷、保函欺诈纠纷、海难救助合同纠纷、信用证开证纠纷、申请设立海事赔偿责任限制基金纠纷等问题，最高人民法院发布上述指导性案例是贯彻落实党中央提出的“一带一路”倡议的重要举措。

[3] 最高人民法院第5批、第7批、第10批、第11批、第12批、第16批、第17批、第19批及第22批指导性案例中，均有涉及知识产权的案例。

指导性案例把抽象的法律条文甚至司法解释与案件事实结合起来,颠覆了司法解释的抽象解释形式。一方面,最高人民法院以颁布指导性案例的方式发挥指引作用,而且指导性案例将"司法解释"的抽象精神具体化,更具指导性意义;另一方面,最高人民法院又保持了司法权对立法权与行政权的"尊让",体现了其作为最后一道防线的克制。虽然指导性案例与司法解释的根本目的都是统一裁判尺度,但司法解释与指导性案例具有本质的不同[1],两者的区别主要体现在:其一,两者形式不同。司法解释具有成文法的基本特征,是对法律普遍、抽象性的解释,是针对法律规范静态的阐述;而指导性案例则是以案例的形式传递司法裁判规则,是针对案件事实与适用法律所作的动态阐述。其二,两者生成程序不同。司法解释采取自上而下的生成模式,由最高人民法院下设的审判执行部门负责起草;而指导性案例则采取自下而上的生成模式,地方各级人民法院将符合指导性案例条件的案件上报上级法院,上级法院按照统一的标准对上报的案例进行逐一审核,经最高人民法院确认后推广至全国法院参照适用。其三,两者效力不同。法官可以将司法解释作为裁判的理由,在裁判文书中加以援引;而指导性案例具有"应当参照适用"的效力,不能被法官直接援引,不能作为裁判的依据加以适用。[2]

---

〔1〕 参见姜远亮:《指导性案例与司法解释的关系定位及互动路径——以刑事审判为视角》,载《法律适用》2019 年第 8 期。

〔2〕 参见胡云腾等:《统一裁判尺度　实现司法公正》,载《中国审判》2011 年第 1 期。

第二章 政策司法化的实证考察

研究政策司法化这一问题，不应仅局限于理论层面的探讨，还应注重进行实证考察。通过对最高人民法院工作报告、裁判文书的梳理分析，以及通过法官访谈听取法官感受和体会，可以以第一手资料为依据研判政策司法化的现实状况。因此，首先，本章以改革开放后1981年至2022年最高人民法院工作报告为分析文本，客观反映不同历史时期、不同发展阶段最高人民法院跟进党的政策确立全国法院中心工作的情况，展示党和国家的工作大局变化以及党的政策变化对全国法院工作思路、工作格局的影响，客观描绘党的政策影响司法工作的实然状态。其次，通过对聚法案例的典型裁判文书的梳理分析，考察法官在民事审判、刑事审判、行政审判中运用党的政策进行司法裁判的现实景象。最后，以法官访谈方法为补充，了解法官对于法院执行党的政策的主观感受，将“法官调查访谈”实证研究的发现与“聚法案例的裁判文书”披露信息进行对照，以增强论证和结论的说服力，完成从宏观到微观、从客观到主观的联动，完整描绘政策司法化的现实状况。

第一节 政策司法化的宏观考察

一、对最高人民法院工作报告的梳理

(一)选择最高人民法院工作报告作为研究文本之理由

本书选取改革开放后42份最高人民法院工作报告作为研究文本,从宏观层面考察法院政策司法化的历程,主要基于三点理由:首先,最高人民法院工作报告具有权威性。根据我国《宪法》和《人民法院组织法》的相关规定,最高人民法院对全国人大及其常委会负责,最高人民法院对全国人大及其常委会报告工作。最高人民法院工作报告制度是人大监督法院工作的重要形式。其次,最高人民法院工作报告具有全面性。最高人民法院工作报告不仅是对最高人民法院工作的总结,也是对全国四级法院工作的总结,其内容涉及广泛,不仅涉及最高人民法院制定司法解释和司法文件、发布指导性案例和典型案例等情况,还涉及人民法院民事审判、刑事审判、行政审判、执行工作等各个方面。其中,全国法院如何贯彻落实党的政策,如何服务社会经济发展大局,是最高人民法院工作报告的重要内容。最后,最高人民法院工作报告具有规范性。最高人民法院成立工作报告起草组专门撰写最高人民法院工作报告,其间多次调研、征求意见、召开座谈会,对工作报告中的语言反复斟酌推敲,从起草到终稿历经多次修改完善,通过大量翔实的数据描绘全国法院工作的概貌。因此,最高人民法院工作报告基于其权威性、全面性和规范性,成为研究政策司法化的最佳文本。

(二)“政策”在最高人民法院工作报告中的分布

党的政策在最高人民法院工作报告中有两种存在样态:一种是直接以“政策”一词出现;另一种则是将党的政策的实质内容予以阐述并蕴含于工作报告字里行间。

1. 直接表述的“政策”分布

以“政策”为关键词,在最高人民法院工作报告中进行检索,“政策”一词共出现152次(如表2.1所示)。刑事方面的政策主要表述为“严打政策”“惩办与宽大相结合的刑事政策”“宽严相济刑事政策”“控制和慎重适用死刑的刑事政策”等;民事方面的政策主要表述为“对外开放、对内搞活经济政策”“农村土地承包政策”“农村改革和发展政策”“宏观经济政策”“拉动内需政策”“国家宏观调控政策”等。

表2.1 最高人民法院工作报告中“政策”一词出现的频次

年份	1982	1983	1984	1985	1986	1987	1988	1989	1990	1991
频次	4	11	4	7	2	2	4	9	4	5
年份	1992	1993	1994	1995	1996	1997	1998	1999	2000	2001
频次	4	1	1	1	1	2	3	3	2	2
年份	2002	2003	2004	2005	2006	2007	2008	2009	2010	2011
频次	0	1	2	1	1	2	2	3	7	4
年份	2012	2013	2014	2015	2016	2017	2018	2019	2020	2021
频次	8	5	3	1	4	3	2	2	2	9
年份	2022	2023								
频次	7	11								

2. 间接表述的“政策”分布

在最高人民法院工作报告中，党的政策有时并非直接体现为“政策”一词，而是表述为法院工作目标或国家经济社会大局，如“为……服务”“保障……”“……的大局”“为……提供保障”等。

首先，以“服务”为关键词，在最高人民法院工作报告中进行检索，“服务”一词共出现457次（如表2.2所示）。如“服务于四化建设”（1985年）、“为经济建设提供法律服务”（1986年）、“为我国的对外开放政策服务”（1988年）、“为治理经济环境、整顿经济秩序和全面深化改革服务”（1990年）、“为实现国民经济长期持续、稳定、协调发展服务”（1991年）、“以更好地为改革开放和发展社会主义有计划商品经济服务”（1992年）、“为改革开放和发展经济服务”（1993年）、“为改革、发展、稳定服务”（1996年）、“积极为改革开放和经济建设服务”（2000年）、“为经济社会又好又快发展提供司法服务”（2010年）、“为‘一带一路’建设、为京津冀协同发展、为长江经济带发展提供司法服务”（2017年）、“服务‘十三五’规划实施”（2018年）、“为脱贫攻坚提供司法服务”（2018年）、“服务海洋强国战略”（2018年）、“服务保障经济高质量发展”（2020年）、“服务三大攻坚战”（2020年）、“服务‘三农’工作发展”（2020年）、“服务供给侧结构性改革”（2020年）、“服务创新型国家建设”（2020年）、“服务共建‘一带一路’”（2020年）、“服务自贸试验区建设”（2020年）、“服务‘六稳’‘六保’”（2021年）、“服务复工复产”（2021年）、“服务创新驱动发展”（2021年）、“服务防范化解金融风险”（2021年）、“服务资本市场基础性制度改革”（2021年）、“服务打好蓝天碧水净土保卫战”（2021年）、“服务数字经济发展”（2021年）、“服务海洋经济发展”（2021年）、“服务国家金融战略实施”（2022年）“服务粤港澳大湾区建设”（2023年）。

表 2.2　最高人民法院工作报告中"服务"一词出现的频次

年份	1982	1983	1984	1985	1986	1987	1988	1989	1990	1991
频次	0	0	0	1	2	4	1	5	4	6
年份	1992	1993	1994	1995	1996	1997	1998	1999	2000	2001
频次	7	5	5	4	10	2	3	7	9	5
年份	2002	2003	2004	2005	2006	2007	2008	2009	2010	2011
频次	4	1	1	0	1	2	0	0	11	7
年份	2012	2013	2014	2015	2016	2017	2018	2019	2020	2021
频次	8	6	4	4	6	22	38	28	40	59
年份	2022	2023								
频次	69	66								

其次，以"大局"一词为关键词，在最高人民法院工作报告中进行检索，"大局"一词共出现 68 次（如表 2.3 所示）。如"紧紧围绕'抓住机遇，深化改革，扩大开放，促进发展，保持稳定'的大局"（1996 年）、"把握国家宏观调控的大局"（1998 年）、"自觉地为改革、发展、稳定的大局服务"（1999 年）、"构建社会主义和谐社会的大局"（2007 年）。

表 2.3　最高人民法院工作报告中"大局"一词出现的频次

年份	1982	1983	1984	1985	1986	1987	1988	1989	1990	1991
频次	0	0	0	0	0	0	0	0	1	0
年份	1992	1993	1994	1995	1996	1997	1998	1999	2000	2001
频次	0	0	0	3	2	0	2	2	5	4
年份	2002	2003	2004	2005	2006	2007	2008	2009	2010	2011
频次	1	2	2	1	0	3	2	4	6	4

续表

年份	2012	2013	2014	2015	2016	2017	2018	2019	2020	2021
频次	1	3	1	1	0	2	1	1	3	3
年份	2022	2023								
频次	6	2								

最后,以"保障"一词为关键词,在最高人民法院工作报告中进行检索,"保障"一词共出现519次(如表2.4所示)。如"保障国民经济调整和四化建设的顺利进行"(1983年)、"保障社会主义现代化建设"(1984年)、"保障和促进经济体制改革"(1986年)、"为构建社会主义和谐社会提供司法保障"(2007年)、"保障国家创新体系建设"(2007年)、"为社会主义和谐社会建设、社会主义新农村建设和创新型国家建设提供司法保障"(2008年)、"为维护国家金融安全和经济平稳较快发展提供司法保障"(2010年)、"为保持经济平稳较快发展、维护公民合法权益提供司法保障"(2011年)、"为加快转变经济发展方式提供司法保障"(2012年)、"为防范化解金融风险、推进金融改革发展提供司法保障"(2013年)、"为加快转变经济发展方式、实现经济稳中求进提供司法保障"(2015年)、"为全面深化改革提供有力司法保障"(2015年)、"为'一带一路'建设、为京津冀协同发展、为长江经济带发展提供司法服务和保障"(2017年)、"保障供给侧结构性改革顺利进行"(2017年)、"为统筹推进'五位一体'总体布局和协调推进'四个全面'战略布局提供司法保障、为自由贸易试验区建设提供司法服务和保障"(2018年)、"为长江流域生态文明建设与绿色发展提供司法保障"(2019年)、"强化公共卫生法治保障"(2021年)、"保障复工复产"(2021年)、"为统筹推进疫情防控和经济社会发展工作提供司法服务和保障"(2021年)。

表 2.4 最高人民法院工作报告中“保障”一词出现的频次

年份	1982	1983	1984	1985	1986	1987	1988	1989	1990	1991
频次	0	2	3	7	3	2	7	2	10	5
年份	1992	1993	1994	1995	1996	1997	1998	1999	2000	2001
频次	6	5	2	7	2	11	5	10	10	8
年份	2002	2003	2004	2005	2006	2007	2008	2009	2010	2011
频次	9	6	11	12	13	9	20	20	23	19
年份	2012	2013	2014	2015	2016	2017	2018	2019	2020	2021
频次	24	21	12	20	18	19	25	18	18	33
年份	2022	2023								
频次	32	30								

此外,最高人民法院工作报告中,还会以“中央会议精神”“领导人思想”指代党的方针政策。如“坚定不移地执行党的‘一个中心,两个基本点’的基本路线”(1994 年);“坚持党在社会主义初级阶段的基本路线和‘抓住机遇,深化改革,扩大开放,促进发展,保持稳定’的基本方针”(1997 年);“认真贯彻落实江泽民同志‘三个代表’重要思想”(2002 年);“邓小平理论和‘三个代表’重要思想”(2004—2013 年);“认真贯彻习近平总书记系列重要讲话精神”(2015 年);“坚持以习近平新时代中国特色社会主义思想为指导”(2019—2023 年)。

二、人民法院执行党的政策的实践历程

最高人民法院工作报告展现了全国法院在各个历史时期中心任务的变化,同时也呈现了法院执行党的政策的实践历程。在不同历史时期,由于不同的时代背景、不同的社会主要矛盾,法院执

行党的政策呈现出不同的面貌。总的来说,改革开放以来,法院执行党的政策经历了四个历史阶段。第一个阶段为1981年至1991年,全国法院的工作重心主要是围绕"严厉打击严重危害社会治安和破坏经济秩序的犯罪活动"展开。第二个阶段为1992年至2001年社会主义市场经济建设时期,全国法院主要围绕"服务国家市场经济建设"开展工作。第三个阶段为2002年至2012年构建社会主义和谐社会时期,全国法院主要围绕"推进社会主义和谐社会建设"展开工作。第四个阶段为2013年至今全面深化改革时期,全国法院主要围绕"推动平安中国建设、推动经济发展、保障民生权益"展开工作。

(一)首轮"严打"时期法院执行党的政策的实践

改革开放初期,严重危害社会治安以及严重破坏社会经济秩序的犯罪活动数量明显增长,为此,1982年4月13日中共中央、国务院发布了《关于打击经济领域中严重犯罪活动的决定》。1983年8月25日,《中共中央关于严厉打击刑事犯罪活动的决定》提出了"严打"政策。其后,全国人大常委会又发布了《关于严惩严重危害社会治安的犯罪分子的决定》和《关于迅速审判严重危害社会治安的犯罪分子的程序的决定》。从此,全国法院贯彻执行依法从重从快的方针,严厉打击严重危害社会治安的犯罪分子并严惩严重破坏经济秩序的罪犯。首轮"严打"时期,最高人民法院工作报告中刑事审判的内容占整个法院工作报告的绝大篇幅,而对于民事审判、经济审判则较少提及。这一时期的最高人民法院工作报告中都有关于法院执行"严打"政策的描述,如"坚决贯彻依法从重从快的方针"(1984年)、"开展了严厉打击严重危害社会治安的犯罪分子的斗争"(1985年)、"对严重危害社会治安的犯罪分子继续坚持依法从重从快惩处的方针,对严重破坏经济秩序的犯罪分子继续坚持依法从严惩处的方针”（1990 年）。据统计：1983 年 8 月至 1985 年年底，严厉打击严重危害社会治安的犯罪活动前后 28 个月对比，刑事发案数下降了 35.9%。[1] 1986 年全国刑事发案率为 0.52‰。刑事发案从 1981 年和 1982 年的 0.89‰和 0.74‰降了下来，连续三年稳定在 0.5‰左右。[2] 从最高人民法院工作报告呈现出的数据可以看出，这一时期，法院通过加强刑事审判贯彻执行“严打”政策，有效地维护了国家和社会的稳定，社会治安明显好转。

（二）社会主义市场经济建设时期法院执行党的政策的实践

1992 年，党的十四大提出了建立社会主义市场经济体制的目标。党的十四届三中全会提出“进一步转换国有企业经营机制”，建立“现代企业制度”[3]。1992 年国务院发布文件要求保护企业的经营自主权。[4] 其后，最高人民法院为贯彻落实党中央提出的转换国有企业经营机制政策，就保障企业经营机制转换、企业经营自主权发布了相关政策性司法文件，要求各级法院保障和促进全民所有制工业企业转换经营机制。[5] 此外，全国法院通过加强对企业承包、租赁和破产等案件的审理，依法维护了企业的经营管理

[1] 参见郑天翔：《第六届全国人民代表大会第三次会议最高人民法院工作报告》（1985 年 4 月 3 日）。

[2] 参见郑天翔：《第六届全国人民代表大会第五次会议最高人民法院工作报告》（1987 年 4 月 6 日）。

[3] 参见江泽民：《加快改革开放和现代化建设步伐，夺取有中国特色社会主义事业的更大胜利》，载中共中央文献研究室编：《十四大以来重要文献选编》（上），人民出版社 1996 年版。

[4] 参见《全民所有制工业企业转换经营机制条例》2011 年修订。

[5] 参见最高人民法院《关于充分发挥审判职能作用保障和促进全民所有制工业企业转换经营机制的通知》（法发〔1993〕13 号）。

权,促进了国有企业经营机制的转换。[1] 1997 年,党的十五大提出"加快推进国有企业改革"。[2] 党的十五届四中全会确定了国有企业改革和发展的主要目标和必须坚持的指导方针。其后,最高人民法院制定政策性司法文件明确了审判工作为国有企业改革服务的重点与措施。[3] 全国法院充分发挥调节、保护、规范经济活动职能,依法保障国有企业的改革和发展,在审理企业承包、租赁等纠纷案件时,坚持有利于企业改革和社会稳定的方针,对不利于企业改革的行为坚决制止,通过妥善处理破产与兼并的关系,促进形成企业优胜劣汰竞争机制,为国有企业改革的顺利完成提供司法保障。[4]

社会主义市场经济建设时期,法院执行党的政策还表现为其为国家宏观调控提供司法服务与保障。[5] 针对经济建设中出现的金融秩序混乱、通货膨胀加速趋势严峻的情况,中共中央、国务院发布了《关于当前经济情况和加强宏观调控的意见》。最高人民法院对保障宏观调控顺利实施作出了具体部署。全国法院针对资金拆借混乱、部分贷款逾期不能收回造成银行信贷部门资金周转困难的情况,大力开展清理拆借资金和收回逾期贷款的专项审判活

---

〔1〕 参见任建新:《第八届全国人民代表大会第一次会议最高人民法院工作报告》(1993 年 3 月 22 日)。

〔2〕 江泽民:《高举邓小平理论伟大旗帜,把建设有中国特色社会主义事业全面推向二十一世纪》,载中共中央文献研究室编:《十五大以来重要文献选编》,中央文献出版社 2011 年版。

〔3〕 参见最高人民法院《关于充分发挥审判职能作用为经济发展提供司法保障和法律服务的意见》(法发〔2000〕6 号)。

〔4〕 参见任建新:《第九届全国人民代表大会第一次会议最高人民法院工作报告》(1998 年 3 月 10 日)。

〔5〕 参见任建新:《第八届全国人民代表大会第一次会议最高人民法院工作报告》(1993 年 3 月 22 日)。

动，为国家宏观调控提供司法保障。[1]

此外，农村经济建设也是社会主义市场经济建设的重要组成部分。1998 年，党的十五届三中全会提出建立"适应发展社会主义市场经济要求的农村经济体制"[2]。全国法院按照党中央关于稳定农村土地承包的政策，依法纠正随意撕毁承包合同、高价发包、缩短承包期、收回承包土地等违法行为，依法审理损害农民利益、危害农业生产的案件，促进了农业和农村经济发展。[3]

从这个时期最高人民法院工作报告可以看出，社会主义市场经济建设时期法院通过司法审判、发布司法解释、制定政策性司法文件等一系列工作，有效保障和推动了社会主义市场经济体制的建立和完善。

(三)社会主义和谐社会建设时期法院执行党的政策的实践

2006 年党的十六届六中全会明确提出构建社会主义和谐社会的目标。[4] 全国法院的工作重心转向"促进社会和谐"。最高人民法院于 2007 年发布政策性司法文件，明确了全国法院为构建社会主义和谐社会提供司法保障的主要目标和任务，强调全国法院从"化解社会矛盾，促进社会和谐""调节经济关系，保障社会发展""坚持宽严相济，确保社会稳定"等方面，充分发挥人民法院的职能作用，为构建社会主义和谐社会提供有力

[1] 参见任建新：《第八届全国人民代表大会第一次会议最高人民法院工作报告》(1993 年 3 月 22 日)。

[2] 《中共中央关于农业和农村工作若干重大问题的决定》。

[3] 参见肖扬：《第九届全国人民代表大会第四次会议最高人民法院工作报告》(2001 年 3 月 10 日)。

[4] 参见《中共中央关于构建社会主义和谐社会若干重大问题的决定》，载中共中央文献研究室编：《十六大以来重要文献选编》(下)，中央文献出版社 2008 年版。

的司法保障。[1] 为满足建设“和谐社会”和“维稳”的政治需要，进一步倡导法院发挥调解解决争议的功能，最高人民法院和司法部联合颁布《关于进一步加强新形势下人民调解工作的意见》，要求法院加强社会主义和谐社会形势下的人民调解工作。同年，最高人民法院确定了“能调则调，当判则判，调判结合，案结事了”的调解政策。为了强调诉讼调解对于维护社会和谐稳定的重要意义，最高人民法院专门发布了司法文件，就诉讼调解如何在维护社会和谐稳定方面进一步发挥作用作出明确规定。[2] 这一时期，为了维护社会和谐稳定，人民法院以定分止争、社会和谐为目标，最大限度地化解社会矛盾纠纷，把诉讼调解贯穿案件审理全过程。[3] 此外，法院还加强对人民调解委员会的指导，支持、维护、促进人民调解和行政调解，建立和完善纠纷解决机制。[4] 通过上述有力措施，全国法院民事案件调解数量明显增加，2003 年至 2007 年全国法院民事案件调解和撤诉率达 50.74%。[5]

农村和谐是社会主义和谐社会的重要组成部分，因此社会主义和谐社会建设时期全国法院也高度重视和谐农村的建设。党的十六届五中全会提出推进社会主义新农村建设。党的十七届三中全会通过了《中共中央关于推进农村改革发展若干重大问

---

〔1〕 参见最高人民法院《关于为构建社会主义和谐社会提供司法保障的若干意见》(法发〔2007〕2 号)。

〔2〕 参见最高人民法院《关于进一步发挥诉讼调解在构建社会主义和谐社会中积极作用的若干意见》(法发〔2007〕9 号)。

〔3〕 参见肖扬:《第十届全国人民代表大会第五次会议最高人民法院工作报告》(2007 年 3 月 13 日)。

〔4〕 参见肖扬:《第十一届全国人民代表大会第一次会议最高人民法院工作报告》(2008 年 3 月 10 日)。

〔5〕 参见肖扬:《第十一届全国人民代表大会第一次会议最高人民法院工作报告》(2008 年 3 月 10 日)。

题的决定》。[1] 为了贯彻落实党中央战略部署，最高人民法院发布政策性司法文件，要求全国各级法院充分发挥审判职能，大力推进农村改革创新和加强农村制度建设，加强对现代农业和农民合法权益的保护力度，通过司法手段促进农村社会全面进步。[2] 此外，全国法院通过对农民工维权案件的审判工作，维护农民工的合法权益，通过严厉打击坑农害农行为，维护农村市场经济秩序；同时重视发挥乡村善良风俗习惯在化解社会矛盾中的积极作用，为农村改革发展创造良好法治环境。[3]

稳定是社会主义和谐社会的前提和基础。金融的运行不仅直接影响经济建设的进程，而且在非常大的程度上关系社会稳定。2008年发生了全球金融危机，我国经济受到严重冲击，社会不稳定因素增加。最高人民法院积极贯彻落实党中央提出的“保增长、保民生、保稳定”的战略决策，执行国家应对全球金融危机冲击的各项政策措施。[4] 针对国际国内经济形势的发展变化和企业的生产

---

〔1〕 参见《中共中央关于推进农村改革发展若干重大问题的决定》，载中共中央文献研究室编：《十七大以来重要文献选编》（上），中央文献出版社2009年版。

〔2〕 参见最高人民法院《关于为推进农村改革发展提供司法保障和法律服务的若干意见》（法发〔2008〕36号）。

〔3〕 参见王胜俊：《第十一届全国人民代表大会第二次会议最高人民法院工作报告》（2009年3月10日）。

〔4〕 为应对2008年全球金融危机，最高人民法院出台若干司法政策以保障经济稳定，分别为：《关于为维护国家金融安全和经济全面协调可持续发展提供司法保障和法律服务的若干意见》《关于当前经济形势下知识产权审判服务大局若干问题的意见》《关于应对国际金融危机做好当前执行工作的若干意见》《关于正确审理企业破产案件为维护市场经济秩序提供司法保障若干问题的意见》《关于当前形势下进一步做好涉农民事案件审判工作的指导意见》《关于当前形势下做好行政审判工作的若干意见》《关于当前形势下做好劳动争议纠纷案件审判工作的指导意见》《关于当前形势下审理民商事合同纠纷案件若干问题的指导意见》《关于当前形势下进一步做好房地产纠纷案件审判工作的指导意见》。

经营状况,最高人民法院出台多个司法文件指导各级法院通过审判工作维护国家金融安全和经济平稳较快发展。社会主义和谐社会建设时期,最高人民法院还提出“能动司法”的要求,同时制定适用合同法、保险法等多个司法解释,指导地方各级法院妥善审理相关案件。各地法院也围绕国家出台的区域经济发展规划,完善司法保障措施,促进经济协调发展。〔1〕

(四)全面深化改革时期法院执行党的政策的实践

党的十八大以来,中国特色社会主义进入新时代,我国社会主要矛盾转化为人民日益增长的美好生活需要和不平衡不充分的发展之间的矛盾。习近平总书记提出了创新、协调、绿色、开放、共享的新发展理念。〔2〕 2017年,党的十九大报告提出“贯彻新发展理念,建设现代化经济体系”,并提出了深化供给侧结构性改革、加快建设创新型国家、实施乡村振兴战略、实施区域协调发展战略、加快完善社会主义市场经济体制、推动形成全面开放新格局的要求。〔3〕 这一时期,法院执行党的政策主要围绕贯彻新发展理念,服务国家重大战略,保障经济社会持续发展,为推进“五位一体”总体布局和协调推进“四个全面”战略布局提供有力司法服务和保障。

首先,人民法院为国家供给侧结构性改革提供有力司法服务和保障。习近平总书记提出坚持“以供给侧结构性改革为主线”

---

〔1〕 参见王胜俊:《第十一届全国人民代表大会第三次会议最高人民法院工作报告》(2010年3月11日)。

〔2〕 参见习近平:《在党的十八届五中全会第二次全体会议上的讲话(节选)》,载《求是》2016年第1期。

〔3〕 参见习近平:《决胜全面建成小康社会　夺取新时代中国特色社会主义伟大胜利——在中国共产党第十九次全国代表大会上的报告》,载《人民日报》2017年10月28日,第1版。

"建设现代化经济体系"[1]。为服务国家供给侧结构性改革,发挥破产审判在完善市场主体救治和退出机制中的积极作用,最高人民法院大力推进以破产审判庭设立为载体的破产专业化建设,成立深圳、北京、上海三个破产法庭。通过健全破产案件审判组织,配齐配强专业审判力量,加快破产案件审理速度和质量。另外,最高人民法院发布了一系列关于审理破产案件的司法解释和司法文件,就降低破产程序成本,构建简单破产案件快速审理机制等程序问题提出指导意见,就企业破产案件中有关债权人权利行使等相关法律适用问题作出具体规定,为下级法院审理破产审判工作指明方向。[2] 通过上述一系列有力措施,人民法院帮助困难企业实现重整,促进市场主体优胜劣汰,化解地方金融风险。[3] 此外,人民法院还通过加强对股权、证券、期货、票据、保险等纠纷案件的审理,维护资本市场秩序,防范金融风险。[4]

其次,人民法院为创新型国家建设提供有力司法服务和保障。知识产权审判对于保障科技创新具有重要作用,服务创新型国家建设关键在于对知识产权的保护。为贯彻落实党中央关于强化知识产权保护的方针政策,全国法院从以下几个方面加强知识产权保护:一是通过审理知识产权民事案件,充分发挥知识产权审判保

[1] 习近平:《决胜全面建成小康社会　夺取新时代中国特色社会主义伟大胜利——在中国共产党第十九次全国代表大会上的报告》,载《人民日报》2017年10月28日,第1版。

[2] 参见最高人民法院《关于推进破产案件依法高效审理的意见》、最高人民法院《关于适用〈中华人民共和国企业破产法〉若干问题的规定(三)》、《全国法院破产审判工作会议纪要》。

[3] 参见周强:《第十三届全国人民代表大会第三次会议最高人民法院工作报告》(2020年5月25日)。

[4] 参见周强:《第十二届全国人民代表大会第五次会议最高人民法院工作报告》(2017年3月12日)。

护创新和维护公平竞争的职能作用，通过裁判激励科技创新，维护竞争秩序，为创新主体提供明确、稳定、可预期的规则指引。二是通过审理知识产权刑事案件，加大对知识产权犯罪行为的惩罚力度，净化市场环境。三是制定司法解释和司法文件，发布典型案例。最高人民法院发布《关于全面加强知识产权司法保护的意见》，制定审理专利权纠纷案件等司法解释，印发法院知识产权案件和典型知识产权案例，充分发挥典型案例的示范引导作用。四是设立最高人民法院知识产权法庭，加强北京、上海、广州知识产权法院和知识产权法庭建设。截至 2019 年 3 月 12 日，全国已形成由最高人民法院知识产权法庭、知识产权法庭、32 家高级人民法院、3 家知识产权专门法院，以及部分中、基层人民法院组成的知识产权审判新格局。[1] 通过上述一系列有效措施，人民法院充分发挥知识产权审判职能作用，加大知识产权司法保护力度，服务创新驱动发展战略。

再次，人民法院为实施乡村振兴战略提供有力司法服务和保障。党的十九大报告提出实施乡村振兴战略。其后，最高人民法院专门发布政策性司法文件，要求各级法院从助推农村改革发展、强化环境资源保护、助推乡村生态文明建设、弘扬社会主义核心价值观、促进文明和谐平安乡村建设等方面，为实施乡村振兴战略提供司法服务和保障。[2] 此外，这一时期，全国法院妥善审理农村土地承包案件，深入贯彻落实中央关于承包地"三权分置"改革政策，并且依法调处农村宅基地"三权分置"、集体经营性建设用地入市等纠纷，保障了农村土地制度改革，保障了乡村振兴战略实施。

---

〔1〕 参见周强：《第十三届全国人民代表大会第二次会议最高人民法院工作报告》（2019 年 3 月 12 日）。

〔2〕 参见最高人民法院《关于为实施乡村振兴战略提供司法服务和保障的意见》，（法发〔2018〕19 号）。

最后,人民法院为加强产权保护提供有力司法服务和保障。党的十八大以来,党中央强调保护各种所有制经济产权和合法利益,推进产权保护法治化。为贯彻落实党中央、国务院关于加强产权保护的决策部署,最高人民法院出台一系列政策性司法文件对各级法院加强产权司法保护提出具体要求。[1] 此外,最高人民法院还发布法院保护产权和企业家合法权益典型案例,对各级法院审理涉产权和企业家相关案件提供参考。各级法院在审理案件时严格区分经济纠纷与经济犯罪、民事责任与刑事责任、合法财产与违法所得,保护企业家人身和财产安全,加强产权司法保护。[2]

从人民法院执行党的政策四个阶段实践历程的考察中可以看出,不同历史时期、不同发展阶段,随着经济社会不断发展,社会矛盾不断发生变化,虽然党和国家的工作大局和方针政策相应地进行调整和改革,但司法服务和保障大局的工作方向始终是中国司法不变的特色。人民法院每年的工作重点都会与党的中心工作紧密联系。最高人民法院历年工作报告中均突出了贯彻党的政策的紧迫性和重要性,并以积极、能动的姿态和作为承担政治功能,发挥司法服务国家大局、贯彻落实党的政策的独特作用。

第二节 政策司法化的中观考察

在最高人民法院的推动下,从2013年开始,全国各级法院积极

---

〔1〕 参见最高人民法院《关于充分发挥审判职能作用切实加强产权司法保护的意见》(法发〔2016〕27号)、最高人民法院《关于依法妥善处理历史形成的产权案件工作实施意见》(法发〔2016〕28号)。

〔2〕 参见周强:《第十二届全国人民代表大会第五次会议最高人民法院工作报告》(2017年3月12日)。

推动裁判文书网上公开。全国法院裁判文书上网，向全社会公开，是法院贯彻司法公开政策的重要举措。[1] 裁判文书是法官审判工作的最终产品，体现了法官认定事实、适用法律、作出裁断的全过程，是体现法官裁判水平的重要载体。[2] 以聚法案例公布的裁判文书为研究对象，对司法审判进行实证考察，已经成为法学实证研究的主要方式之一。通过对聚法案例公布的裁判文书所涉及的政策进行检索和分析，可以有效展示全国各级法院法官运用党的政策的基本情况。以聚法案例为样本库，通过对裁判文书进行检索与整理，对裁判文书中运用政策的部分进行认真研读，分析“党的政策”在裁判文书中的存在样态，可以考察法官运用政策的实然状态。此外，通过问卷调查和法官访谈听取法官感受和体会，可以第一手资料为依据研判政策司法化的现实状况；不仅关注裁判文书数据所揭示的趋势性、规律性，也关注法官在司法个案中运用政策的现实性、特殊性。

以聚法案例为检索平台，以“党的政策”为关键词进行检索，在裁判文书“本院认为”部分即陈述审判法源、释法明理、推理论证部分出现“党的政策”的案例有 153 件，其中民事案件 125 件，行政案件 22 件，刑事案件 4 件，国家赔偿案件 2 件。考虑到有时法官在裁判文书中提及“党的政策”并不直接体现为“政策”字样，也可能表述为党的政策的具体内容，如近年来，党中央提出“推进生态文明建设”“培育和践行社会主义核心价值观”“加快建设创新型国家”“实施乡村振兴战略”等政策，故以上述政策为关键词进行检索，经逐一阅读筛选后，获取裁判文书论证说理部分，分析“本院认为”部分出现的党的政策。

---

〔1〕 参见唐应茂：《司法公开及其决定因素：基于中国裁判文书网的数据分析》，载《清华法学》2018 年第 4 期。

〔2〕 参见胡昌明：《中国智慧法院建设的成就与展望——以审判管理的信息化建设为视角》，载《中国应用法学》2018 年第 2 期。

一、地方法院民事审判运用政策的样态

(一)民事审判运用“推进生态文明建设”政策的样态

党的十八大以来,党中央高度重视生态文明建设,将“生态文明建设”写入《中国共产党章程》,并发布了一系列有关生态文明建设重大改革的政策文件,如《生态文明体制改革总体方案》《生态环境损害赔偿制度改革方案》《关于建立以国家公园为主体的自然保护地体系的指导意见》《关于构建现代环境治理体系的指导意见》《关于建立健全生态产品价值实现机制的意见》等。这些重要的政策文件对司法实践均产生了实质性的影响。各级法院充分发挥审判职能作用,为生态文明法治建设提供有力司法服务和保障。为展现“推进生态文明建设”政策在民事审判中运用的具体样态和基本分布,以“推进生态文明建设”为关键词,在聚法案例上进行数据检索,检索范围为“裁判理由”,检索限制项为“案件类型:民事”,筛选掉重复无研究意义的文书,最后得到339篇有效裁判文书。

从案由分布看,运用“推进生态文明建设”政策的裁判文书,涉及的案由主要包括合同纠纷、侵权责任纠纷、人格权纠纷以及物权纠纷。

从时间分布上看,运用“推进生态文明建设”政策的裁判文书数量呈现逐年递增的总体趋势。[1] 上述裁判文书数量增长的时间节点与最高人民法院发布有关推进生态文明建设的司法政策的时间相吻合。[2] 这表明,最高人民法院通过发布司法政策的方式推

---

〔1〕 2019年裁判文书数量相较于2018年增幅为225%,2018年裁判文书数量较2017年同比增长33.33%。

〔2〕 最高人民法院于2016年发布了《关于充分发挥审判职能作用为推进生态文明建设与绿色发展提供司法服务和保障的意见》,于2018年发布了《关于深入学习贯彻习近平生态文明思想为新时代生态环境保护提供司法服务和保障的意见》。

动了“推进生态文明建设”政策在民事审判中的运用。

从裁判文书内容上看,有的法官在裁判文书中直接表述为“推进生态文明建设”,有的法官通过引用最高人民法院发布的政策性司法文件即《关于全面加强环境资源审判工作　为推进生态文明建设提供有力司法保障的意见》体现生态文明建设政策(如表2.5所示)。法官在裁判文书中运用“推进生态文明建设”政策,体现了法官发挥主观能动性,把司法审判放在党和国家推进生态文明建设工作大局中加以考虑,把执行党的“推进生态文明建设”政策体现和实现于司法审判过程之中。[1] 此外,考察党的政策在司法裁判中的运用方式,可以发现法官并未将“推进生态文明建设”政策直接作为裁判依据,而是仅仅将其作为裁判的说理依据,但法官在运用政策说理时,缺少对生态文明政策细致深入的阐述说理。

表2.5　运用“推进生态文明建设”政策的裁判文书

序号	文号	案由	相关表述
1	(2019)豫01民终12777号民事判决书	商品房预售合同纠纷	推进生态文明建设,每一个公民都能从中受益,在享有更多获得感、幸福感和安全感的同时,也应当承担相应责任。在确有证据证明因政府治理大气污染导致工期延误的情况下,应当减轻开发商相应的责任
2	(2017)京0111民初11168号民事判决书	农村土地承包合同纠纷	从国家贯彻绿色发展理念,推进生态文明建设,加大生态环境保护力度,提高森林覆盖率的大局出发,综合考虑原被告履行合同期间均存在违约行为以及大部分荒山现已经由镇政府实施了绿化造林等实际情况,如该合同继

[1] 参见公丕祥:《当代中国能动司法的理论与实践》,法律出版社2012年版,第35页。

续表

序号	文号	案由	相关表述
			续履行将影响和制约青龙湖森林公园(二期)项目的实施以及北京市平原地区生态林建设整体规划的贯彻和落实,原告据此要求解除合同,理由正当,本院予以支持
3	(2018)冀民终758号民事判决书	环境污染责任纠纷	对于环境损害赔偿金的管理和使用问题,最高人民法院《关于全面加强环境资源审判工作　为推进生态文明建设提供有力司法保障的意见》中指出“……探索设立公益诉讼专项基金,设立适合本地区环境公益诉讼发展的资金运作模式,接受生效判决判令被告承担的生态环境修复费用……”中共中央办公厅、国务院办公厅印发《生态环境损害赔偿制度改革方案》,规定了环境损害赔偿金作为政府非税收入,全额上缴同级国库。一审法院参照上述规定并结合本地区实际情况,将环境损害赔偿金付至秦皇岛市专项资金账户,用于当地环境修复并无不当
4	(2018)豫民终344号民事判决书	环境民事公益诉讼	环境公益诉讼是保护环境的重要途径之一,法院应当在追究环境侵权责任的同时,作出有利于环境修复、治理的裁判,推进生态文明建设,促进经济社会可持续发展。司法实践中,判令损害环境者承担生态环境服务功能损失,用于修复被损害的生态环境,是贯彻落实环境保护法立法目的的重要方式,也是环境保护司法的重大进展。本案中,新郑市是我国的红枣之乡,大量的枣树、枣林所形成的生态环境蕴藏着丰富的历史人文资源,是当地生态文明的标志。且涉案的被移植或采

续表

序号	文号	案由	相关表述
			伐的枣树数量较大、树龄较长，在维持生态平衡和环境保护中有着不可替代的作用，根据《最高人民法院关于审理环境民事公益诉讼案件适用法律若干问题的解释》第二十一条之规定，原审判决两上诉人赔偿生态环境受到损害至恢复原状期间服务功能损失，于法有据
5	(2018)苏03民初256号民事判决书	环境污染责任纠纷	生态文明建设是关系中华民族永续发展的根本大计，生态环境没有替代品，保护生态环境人人有责。产生、收集、贮存、运输、利用、处置危险废物的单位和个人，必须严格履行法律义务，切实采取措施防止危险废物对环境的污染。被告其安公司、黄某某、何某某、王某某、魏某某没有履行法律义务，逃避国家监管，跨地转移、非法处置危险废物，任由危险废物污染环境，对此造成的生态环境损害，应当依法承担侵权责任
6	(2019)豫1403民初1120号民事判决书	房屋买卖合同纠纷	因政府环境治理，有关部门通知建筑工地停工，涉案房屋的建设项目工程停止施工在所难免，该停工行为保护群众的身心健康，践行了生态文明建设思想，导致了履约条件的变化，属于被告不能预防和控制的因素，符合双方协议中予以据实延期的约定，故因环境治理的停工不能按照一方违约进行处理

续表

序号	文号	案由	相关表述
7	(2022)粤0106民初12756号民事判决书	合同纠纷	当前,我国发展已经到了必须加快推进生态文明建设的阶段。建立绿色低碳发展的经济体系,促进经济社会发展全面绿色转型,已成为国际社会的广泛共识,也是我国推进生态文明建设、实现共同富裕的内在要求。每一个市场主体,既应遵守市场经济发展规律,也应承担起相应的社会责任,探索遵循减污降碳生产经营方式,推动经济社会高质量发展、可持续发展
8	(2022)苏0303民初2589号民事判决书	车位纠纷	在大气污染防治及治理等已成为我国生态文明建设的重要内容并制定相关法律、政策以及促进施行的情况下,被告作为专门从事房地产开发的企业,应当可以预测气候环境对工期的影响,并在其从事房地产开发及销售过程中全面关注开发区域季节、气候规律与开发施工状态的关系,全面合理安排开发进度、理性确定合同所涉及的履行期
9	(2022)鲁0103民初4147号民事判决书	供用电合同纠纷	光伏发电项目是推进生态文明建设,落实绿色发展理念,构建资源节约型、环境友好型社会的重要举措。利用通信基站空闲区域建设光伏发电设备,在满足通信基站不间断用电的同时将多余电量并入电网,能有效替代火力、燃气等其他传统能源方式所发电力,有助于实现国家碳达峰、碳中和的长期目标,有利于区域大气污染防治和应对全球气候变化危机。 和汇公司与铁塔山东省分公司签订的《合作协议》不仅符合新时代生态文明理念,也符合上述法律规定的绿色环保原则,因此合同合法有效

续表

序号	文号	案由	相关表述
10	(2021)京民申6564号民事裁定书	用益物权纠纷	李某斌未对涉案土地合理利用致使土地长期撂荒,造成土地资源的浪费,不利于生态环境保护,不符合生态文明建设和可持续发展的理念和要求,且李某新亦不同意继续履行流转合同,故一、二审法院对于李某斌要求继续履行流转合同的主张不予支持,并无不当

(二)民事审判运用"社会主义核心价值观"的样态

党的十八大以来,党中央高度重视弘扬社会主义核心价值观。党的十九大报告要求"把社会主义核心价值观融入社会发展各方面,转化为人们的情感认同和行为习惯"。为深入贯彻落实习近平法治思想,2021年1月,中共中央印发《法治中国建设规划(2020—2025年)》,提出"把社会主义核心价值观要求融入法治建设和社会治理",努力让人民群众在"每一宗司法案件中都感受到公平正义"。人民法院在司法裁判中运用社会主义核心价值观的案件数量快速增长。为展现"社会主义核心价值观"在民事审判中运用的具体样态和基本分布,以聚法案例为数据库,以"社会主义核心价值观"为关键词,检索范围为"裁判理由",检索限制项为"案件类型:民事",筛选掉重复无研究意义的文书,最后得到17,363篇有效裁判文书。

从案由分布看,运用"社会主义核心价值观"的裁判文书,所涉及的案由包括合同纠纷、婚姻家庭纠纷、继承纠纷、人格权纠纷、侵权责任纠纷以及物权纠纷(如表2.6所示)。

从时间分布上看,运用社会主义核心价值观的裁判文书数量逐年上升。裁判文书数量增长的时间节点与最高人民法院2015年、

2016年发布关于"弘扬社会主义核心价值观"的司法政策与典型案例时间相吻合。[1] 党中央在2013年提出"培育和践行社会主义核心价值观",2016年之前,最高人民法院并未将党的政策转化为相关政策性司法文件,法官在民事裁判文书中如何运用"社会主义核心价值观"缺乏相关司法政策的指导,导致法官在裁判文书中运用"社会主义核心价值观"积极性不高。最高人民法院2015年出台关于弘扬社会主义核心价值观的政策性司法文件并于2016年发布典型案例,要求各级法院审理案件时予以贯彻落实。在2021年最高人民法院发布的《关于深入推进社会主义核心价值观融入裁判文书释法说理的指导意见》的推动下,法院运用社会主义核心价值观进行裁判的案件数量持续增长。其后,各级法院法官在审判时以"社会主义核心价值观"为说理依据来确定当事人权利、义务、责任,为其裁判提供合法性、正当性。[2] 法院在司法裁判中运用社会主义核心价值观,体现了法院承担着培育和践行社会主义核心价值观的重要使命。其也从侧面反映出,党的政策司法化的关键在于最高人民法院通过出台司法政策、发布典型案例为各级法院法官在审判中运用政策提供指导。

从法院层级分布来看,运用社会主义核心价值观的裁判文书中,基层人民法院民事法官运用"社会主义核心价值观"的数量较多。究其原因:一方面基层人民法院受理的民事案件数量总数多于中级人民法院及高级人民法院受理的民事案件数量,做出的裁判文书数量多,拥有更多运用社会主义核心价值观的机会。另一

[1] 2013年12月,中共中央办公厅印发《关于培育和践行社会主义核心价值观的意见》。为深入贯彻落实中共中央办公厅《关于培育和践行社会主义核心价值观的意见》和习近平总书记关于社会主义核心价值观的重要论述精神,最高人民法院2015年发布了《关于在人民法院工作中培育和践行社会主义核心价值观的若干意见》后,又于2016年公布了10个弘扬社会主义核心价值观典型案例。

[2] 参见杨福忠:《论司法培育和弘扬社会主义核心价值观的机理与技术路径》,载《法学论坛》2020年第2期。

方面，基层人民法院是司法系统参与基层治理的主力，发挥着促进家庭邻里友善、维护乡村社会和谐稳定的功能。

从法官在裁判文书中运用“社会主义核心价值观”的方式看，法官主要是将社会主义核心价值观视作行为规范与价值准则，在裁判文书中表述为“依据社会主义核心价值观”“符合社会主义核心价值观”“与社会主义核心价值观不符”等(如表2.6所示)。有的法官在分析案件事实之前，首先直接在裁判文书中以社会主义核心价值观进行价值宣示，以凸显法院的价值立场；有的法官直接将社会主义核心价值观作为裁判依据；有的法官将社会主义核心价值观与其他法律规范复合运用，共同作为案件的裁判依据；有的法官将社会主义核心价值观作为裁判理由的说理依据。

表2.6 运用“社会主义核心价值观”的裁判文书

序号	文号	案由	相关表述
1	(2017)苏05民终8441号民事判决书	劳动争议	用人单位与劳动者依法履行劳动合同时，同样应当遵循诚信原则，秉持诚实，恪守承诺。劳动者应当通过合法、合理的途径获取劳动报酬，而不得从其不当的行为中获利。本案中，夏某的违规行为既有违劳动合同法精神，亦与社会主义核心价值观相悖，故对其要求中信银行退还284011.42元的诉讼请求，本院依法不予支持
2	(2017)川06民终239号民事判决书	确认合同无效纠纷	我国善良的婚恋观念主张恋爱和婚姻关系应建立在诚实守信、相互尊重、平等自由和和睦信任的基础上，以双方具备感情基础为核心要素，不应将感情与财产利益直接关联，双方签订此种将财产利益与维持恋人关系直接关联的合同有违公平原则，也与善良风俗和社会主义核心价值观不符，属无效民事行为，不应得到法律的支持和保护

续表

序号	文号	案由	相关表述
3	（2016）津 01 民终 2135 号民事判决书	赡养纠纷	《中华人民共和国老年人权益保障法》第十四条第一款规定，赡养人应当履行对老年人经济上供养、生活上照料和精神上慰藉的义务，照顾老年人的特殊需要。 赡养父母、孝敬父母是中华民族的传统美德，也为当今法律精神及社会主义核心价值观所倡导。本案中，被上诉人已至耄耋，体弱多病，不仅需要子女在经济上的供养，更需要的是子女的关心与尊重，被上诉人的各子女……不能和睦相处共同侍奉被上诉人，甚至在二审开庭过程中吵闹不堪，对被上诉人造成精神伤害。因此，被上诉人各子女的做法从法律规定、公序良俗及人情事理上看，均不应得到肯定
4	（2017）吉 0402 民初 1898 号民事判决书	合同纠纷	张某军因中医院的无私救治，身体状况逐渐好转、康复，本应心存感激、诚实守信，积极承担理应承担的医疗费，可是，其在医院不辞而别，至今分文不支付治疗费用，纵使张某军可能有经济方面的困难，从其行为来看，其诚实信用欠缺应为主要因素，与社会主义核心价值观相悖，应予批评。从法律角度来看，中医院与张某军形成医疗服务合同关系，张某军接受了中医院的医疗服务，即负有支付医疗费用的义务
5	（2017）京 0105 民初 51278 号民事判决书	继承纠纷	本院根据在案证据认定孙某 4 对被继承人尽到主要赡养义务，并不否定其他继承人也尽到了赡养义务。为彰显社会主义核心价值观，弘扬尊老爱幼的中华民族传统美德，发挥法律应有的指引、评价、教育作用，本院在孙某 4 继承孙某周、樊某玉遗产时予以适当多分

续表

序号	文号	案由	相关表述
6	(2017)新民申466号民事裁定书	返还原物纠纷	由于目前尚没有专门的法律规定对虚拟产权式商铺进行明确规制,原审法院在对本案纠纷的处理上考虑商场对商铺的整体利用才能最大限度地发挥商场每一部分的功能和作用,提高整体建筑物的使用效率,以达到利益最大化,故参照适用《中华人民共和国物权法》第七十一条及七十六条的规定对申请人在涉案商铺相关物权的行使上作出限制并无不妥,亦符合我国法律所弘扬倡导的社会主义核心价值观的要求
7	(2016)冀0683民初913号民事判决书	机动车交通事故责任纠纷	原、被告对此次道路交通事故的责任各执一词,原告指认被告将其撞伤,被告称没有将其撞伤。 为了维护社会稳定,解决矛盾纠纷,弘扬社会主义核心价值观,根据公平原则,法官内心确认,被告王某丽应适当补偿原告王某仍部分医疗费,原、被告的其他损失各自承担
8	(2019)鄂民申3571号民事裁定书	提供劳务者受害责任纠纷	保障货物完好是劳务者进行货物装卸时应尽的附随义务,王某生上述施救行为一方面是为帮扶其他劳务者,另一方面是为了避免鑫某公司货物倒塌受损,虽方法欠妥但其无私、敬业的精神应予提倡。鑫某公司主张王某生上述施救行为不属于其应尽劳务范围,继而否认王某生受伤与其提供劳务行为之间的因果关系,既令提供劳务者心寒,也有违社会主义核心价值观,本院亦不会支持其上述主张而对社会公众作出错误的引导及示范

续表

序号	文号	案由	相关表述
9	(2022)新民终81号民事判决书	商业诋毁纠纷	同某公司在明知西某店所销售的相关产品不存在知识产权侵权的情况下，为提升其自身淘某店铺价格竞争优势，恶意捏造事实，向淘某网进行虚假投诉，有违社会主义核心价值观"诚信、友善"等原则，并导致西某店相关产品被迫下架，被淘某网给予扣分处罚，同某公司的案涉行为已构成商业诋毁
10	(2020)沪01民终11763号民事判决书	房屋买卖合同纠纷	冯某景的违约行为存在明显且持续的特性，尽管双方签订多份协议，其却均未按照协议履行，张某勇、王某艳为系争房屋顺利过户一再退让甚至妥协，不应成为冯某景不承担违约责任的理由。纵观冯某景的履约情况，既背离契约精神，又违反诚信原则，亦与社会主义核心价值观背道而驰

（三）民事审判运用"乡村振兴战略"的样态

党的十九大报告提出要实施乡村振兴战略，明确了"产业兴旺、生态宜居、乡风文明、治理有效、生活富裕"的总要求。中共中央、国务院发布了《关于实施乡村振兴战略的意见》《乡村振兴战略规划(2018—2022年)》。为使党中央重大决策部署在人民法院落实落地，最高人民法院相继出台《关于为实施乡村振兴战略提供司法服务和保障的意见》《关于为抓好"三农"领域重点工作确保如期实现全面小康提供司法服务和保障的意见》《关于为全面推进乡村振兴　加快农业农村现代化提供司法服务和保障的意见》。乡村治理是国家治理体系和治理能力现代化的重要组成部分。在乡村振兴战略背景下,法官在司法裁判中运用“乡村振兴战略”为实施乡村振兴战略提供司法服务和保障。为展现“乡村振兴战略”在民事审判中运用的具体样态和基本分布,以聚法案例为数据库,以“乡村振兴战略”为关键词,检索范围为“裁判理由”,检索限制项为“案件类型:民事”,筛选掉重复无研究意义的文书,最后得到730篇有效裁判文书。

从案由分布看,运用“乡村振兴战略”的裁判文书,所涉及的案由包括合同纠纷、不当得利纠纷、人格权纠纷、侵权责任纠纷、物权纠纷等。合同纠纷中以土地租赁合同纠纷、农村土地承包合同纠纷居多。物权纠纷中以物权保护类纠纷居多。

从法院层级分布看,运用“乡村振兴战略”的裁判文书,基层人民法院民事法官运用“乡村振兴战略”的数量较多。究其原因,当前我国城镇化加速推进过程中乡村社会矛盾纠纷增长较快,基层人民法院受理乡村社会矛盾纠纷案件较多,加之村民法治意识淡薄,加剧了处理相关纠纷的难度。基层人民法院处于服务乡村群众的最前沿,是化解乡村矛盾纠纷的主要力量。基层人民法院通过司法裁判服务和保障了乡村经济社会发展,为实施乡村振兴战略提供了有力的司法保障。

从法官在裁判文书中运用“乡村振兴战略”的方式看,法官在民事司法裁判中运用“乡村振兴战略”主要是将“乡村振兴战略”作为价值准则,表述为“与实施乡村振兴战略不符”“切合实施乡村振兴战略”“符合实施乡村振兴战略要求”等。在具体个案中:有的法官从法院服务乡村振兴战略的角度出发,妥善处理乡村家事、邻里纠纷,推动这类矛盾纠纷的实质性化解和源头化解,推进农村法治和德治建设，推动乡村文明进步；有的法官将"实施乡村振兴战略"与《农村土地承包法》结合，认定村民委员会以返租方式流转土地并将流转土地用于国家农业示范区的行为，既符合党的政策又未突破国家法律，依法妥善处理涉农村土地纠纷案件，保障农民合法权益，促进农业产业发展；有的法官以"当事人行为符合实施乡村振兴战略要求"为理由，支持当事人继续履行合同的主张，助推农业生产方式由过度消耗资源型向节能减排绿色发展型转变，促进经济社会发展全面绿色转型，改善乡村生态环境（如表2.7所示）。

表2.7 运用"乡村振兴战略"的裁判文书

序号	案号	案由	裁判理由
1	（2018）川0181民初1544号民事裁定书	房屋拆迁安置补偿合同纠纷	根据《国务院关于深化改革严格土地管理的决定》（国发〔2004〕28号）2018年中央一号文件、《中共中央、国务院关于实施乡村振兴战略的意见》第九部分"推进体制机制创新，强化乡村振兴制度性供给"第（二）项"深化农村土地制度改革"相关意见……在符合土地利用总体规划前提下，允许县级政府通过村土地利用规划，调整优化村庄用地布局，有效利用农村零星分散的存量建设用地……故原告主张的生态保护区项目搬迁补偿安置协议书问题系在实施国家大政方针政策过程中引发的争议，依法不属于人民法院受理民事诉讼的范围

续表

序号	案号	案由	裁判理由
2	（2018）鄂 09 民终 1482 号民事判决书	排除妨害纠纷	根据中共中央、国务院下发的《关于实施乡村振兴战略的意见》和最高人民法院关于认真学习贯彻《中共中央、国务院关于实施乡村振兴战略的意见》通知精神，法院本着从司法为民、服务和谐乡村、为乡村振兴战略服务，化解矛盾、减少诉累的基本要求出发，积极运用社会矛盾纠纷多元化解机制，力争多方矛盾纠纷在同一诉讼中圆满解决，为改善农村营商环境服好务。陈某涛和赵某东在无合同依据及法律依据的情况下，仍然占用案涉水库经营，不仅侵犯了李某华合法权利，亦损害了两村集体利益，陈某涛和赵某东应自觉退出水库经营。 遂判决陈某涛、赵某东停止实施妨碍李某华在石灰窑水库正常经营活动的行为
3	（2019）皖 13 民终 2695 号民事判决书	土地承包经营权出租合同纠纷	中共中央、国务院《关于实施乡村振兴战略的意见》，已经明确落实农村土地承包关系稳定并长久不变政策。且案涉《流转合同书》虽约定流转土地的期限为 2015 年 6 月 20 日起至 2027 年 6 月 20 日止，超出周某家第二轮土地承包届满期限 2025 年 8 月 24 日，但案涉《流转合同书》第七条对超出家庭承包期限的效力作出的约定不违反法律规定。2019 年 1 月 3 日，中共中央、国务院《关于坚持农业农村优先发展做好“三农”工作的若干意见》再次明确落实扶持小农户和现代农业发展有机衔接的政策。网周村委会、大路口乡政府以网周村委会反租的方式流转土地，并将流转的土地用于创建国家农业科技示范园、国家现代农业产业园，符合上述政策要求，亦未突破《中华人民共和国农村土地承包法》规定的不得改变土地所有权及土地农业用途的原则

续表

序号	案号	案由	裁判理由
4	(2018)闽0823民初164号民事判决书	恢复原状纠纷	党的十九大作出乡村振兴重大决策部署,以此作为新时代"三农"工作的总抓手……华某文采用雇请铲车师傅将已形成的公共道路铲除挖坏的粗暴、野蛮的维权方式,无疑与法律、法规规定不符,与法律、法规倡导的崇法、尚和精神相背离,更与乡村振兴战略、乡风文明塑造的内涵相违背。 判决如下:被告华某文应当在本判决生效后立即停止对通往原告华某良、华某生、华某兴、华某群、袁某梅等六户人房屋与上杭县蛟洋镇秋竹村村道交叉口公共道路的侵害,并将挖坏的公共道路恢复原状,保持道路的畅通
5	(2019)云25民终1051号民事判决书	财产损害赔偿纠纷	被上诉人以生态旅游建设项目为载体,采取由政府作主导,群众为主体,通过开展项目建设来提升小太平村人居环境,带动小太平村在规划区秀美乡村建设和产业转型升级,把小太平村建设成为健康、绿色、休闲、舒适的秀美乡村所实施的行为,符合《中共中央、国务院关于实施乡村振兴战略的意见》的总体要求,被上诉人为开展该项目需要流转上诉人土地,上诉人理应配合支持
6	(2018)甘0523民初413号民事判决书	土地租赁合同纠纷	近年来,国家鼓励懂技术、会经营的能人承包流转农村土地,实现规模化经营,科学种植,最大限度地发挥土地效益,被告王某2连片租赁常家庙村农户耕地,科学规划,平整土地,发展果园,修建配套设施,果园发展势头较好,运用新技术、新理念发展林果业等绿色产业的做法切合国家提出的美丽乡村建设及乡村振兴战略,因此对被告提出继续履行合同的请求,应予支持

续表

序号	案号	案由	裁判理由
7	(2020)辽 07 民终 1843 号民事判决书	农村土地承包合同纠纷	《中共中央、国务院关于实施乡村振兴战略的意见》,专门就深化农村土地制度改革提出来原则性意见,要在坚决实行第二轮承包到期后再延长 30 年的政策前提下,进一步深化农村土地"三权"分置改革,在依法保护集体所有权和农户承包权的前提下,平等保护经营者的土地经营权。本案原告田某学与被告三某村委会于 2018 年 7 月 13 日签订的《辽宁省农村土地家庭承包合同》,就是为落实坚决实行第二轮承包到期后再延长 30 年的政策,将本案诉争的四亩果树地确权在第二轮土地承包时的承包方,即原告方名下。该合同符合国家相关政策,依法有效
8	(2018)浙 08 民终 444 号民事判决书	相邻通行纠纷	随着新农村建设、乡村振兴战略的实施,农村的道路交通在改善,乡风文明在进步。上诉人余某你与被上诉人余某前作为同族堂兄弟,应当按照有利生产、方便生活、团结互助、公平合理的原则,正确处理相邻关系。一审法院认为上诉人余某你在被上诉人余某前出行通道上堆放杂物,妨碍通行,判令上诉人余某你将其堆放在被上诉人余某前房屋门前西侧道路上的杂物搬离,保持道路畅通,处理正确

续表

序号	案号	案由	裁判理由
9	(2022)豫 06 民终 604 号民事判决书	相邻关系纠纷	双方作为长期生活在彼此旁边的邻居,因为宅基地地界问题发生的矛盾纠纷不是根本性的利害冲突,不应任其持续发展,所谓“远亲不如近邻”,邻居间守望相助是中华民族的传统美德。按照国家关于乡村振兴的政策精神,双方在日常生活中应当对周边环境的整洁加以注意,不应随意堆放杂物。双方应当本着互谅互让的精神,按照社会主义核心价值观中文明、和谐、友善的要求妥善处理好相邻关系,共享现阶段我国改革和发展的红利
10	(2021)鲁 09 民终 2125 号民事判决书	财产损害赔偿纠纷	被告朱某庄村委开展村内闲置土地及资产清理,修通河堤道路确保汛期安全,是维护全体村民的集体利益。村委进行重大的村务活动时,应通过村民大会等多种形式,多做解释沟通工作,尽最大努力争取村民的理解和支持,构筑促进乡村振兴的同心圆、汇聚促进乡村发展的凝聚力。村民在享受村集体修路、架桥方便出行的便利以及集体收益增加带来福利的同时,亦应心系集体,对村集体从全村出发所做举措给予一定的理解和认同,将自身融入生于斯长于斯的乡村,为乡村的繁荣发展、促进乡村振兴助力鼓劲

二、地方法院刑事审判运用政策的样态

为展现“扫黑除恶”政策在刑事审判中运用的具体样态和基本分布,以聚法案例为数据库,以“扫黑除恶”“黑势力”“恶势力”“黑恶势力”为关键词,检索范围为“裁判理由”,检索限制项为“案件类

型:刑事"进行检索,筛选掉重复无研究意义的文书,最后得到8681篇有效裁判文书。

从案由分布看,"本院认为"部分出现"扫黑除恶"政策的裁判文书所涉及的刑事案件案由主要包括妨害社会管理秩序罪,侵犯公民人身权利、民主权利罪,破坏社会主义市场经济秩序罪等。

从时间分布上看,2017年运用"扫黑除恶"政策的裁判文书为49件,2018年的裁判文书为1241件,2019年的裁判文书为5425件,2019年同比增长337%。上述文书增长的时间节点与中共中央、国务院发布《关于开展扫黑除恶专项斗争的通知》以及最高人民法院、最高人民检察院、公安部、司法部印发《关于办理黑恶势力犯罪案件若干问题的指导意见》的时间相吻合。[1] 这也进一步印证了党的政策对司法裁判具有重要的政策导向作用,法官通过司法裁判的方式运用并执行党的政策。

从法官在裁判文书中运用"扫黑除恶"政策方式看,法官运用"扫黑除恶"政策一般表述为"依照(遵照)(根据)扫黑除恶专项斗争的要求""与扫黑除恶专项斗争精神不符""符合国家开展扫黑除恶专项斗争的政策"等(如表2.8所示)。有的法官直接引用中共中央文件,如中共中央、国务院《关于开展扫黑除恶专项斗争的通知》;有的法官引用中央司法机关的文件,如《关于办理黑恶势力犯罪案件若干问题的指导意见》。由于当前"恶势力"仅仅作为一个

---

[1] 2018年1月,中共中央、国务院发布《关于开展扫黑除恶专项斗争的通知》,标志着扫黑除恶专项斗争正式启动。随后,最高人民法院、最高人民检察院、公安部、司法部印发《关于办理黑恶势力犯罪案件若干问题的指导意见》,作为扫黑除恶专项斗争的主要司法指导文件,并于2月发布《关于依法严厉打击黑恶势力违法犯罪的通告》,要求黑恶势力立即停止一切违法犯罪活动。2018年7月,中共中央办公厅、国务院办公厅又印发了《全国扫黑除恶专项斗争督导工作方案》,派出中央督导组赴全国开展督导工作,促进扫黑除恶专项斗争向纵深发展落到实处。

政治或政策概念出现在裁判文书中,并非法定概念,法官对其理解易受政策的影响,在当前扫黑除恶专项斗争中有些法官审理恶势力案件出现了"随意定性、乱贴标签,尺度不一、畸轻畸重"的现象。如刘某才寻衅滋事一审刑事判决书的裁判理由是:被告人刘某才、汪某2等人虽依法不能被认定为恶势力犯罪,但其所实施的寻衅滋事行为属于涉恶类犯罪,亦应全面贯彻落实中共中央、国务院《关于开展扫黑除恶专项斗争的通知》精神,被告人刘某才的寻衅滋事行为,系因长期吸毒而行为失控,对社会具有严重的危害性,应从重处罚。

表 2.8 运用"扫黑除恶"政策的裁判文书

序号	案号	案由	相关表述
1	(2018)辽0181刑初479号刑事判决书	敲诈勒索罪	依照扫黑除恶专项斗争的总体部署要求,对在商贸集市欺行霸市、强买强卖、违规收取费用的市霸等恶势力予以严厉打击,消除该恶势力犯罪所造成的恶劣社会影响、维护社会管理秩序、保护人民群众财产安全、保障人民安居乐业、维护社会和谐稳定
2	(2019)辽0103刑初527号刑事判决书	强迫交易罪	以李某为首的较为稳定的犯罪团伙,扰乱经济、社会生活秩序,在交通运输行业内部造成较为恶劣的社会影响,遵照扫黑除恶专项斗争对黑恶势力要打早打小的总体部署和要求,本院认定该犯罪团伙为恶势力
3	(2018)皖1823刑初112号刑事判决书	寻衅滋事罪	因为本案虽由洪某某所引起,但纠纷激化则是由于汪某率先用啤酒瓶砸刘某1所致,且汪某系累犯,其量刑应重于被告人洪某某、吴某某。辩护人建议本院对被告人洪某某、吴某某适用缓刑的意见,与当前开展的扫黑除恶专项斗争精神不符,本院不予采纳

续表

序号	案号	案由	相关表述
4	(2019)鄂05刑终286号刑事裁定书	组织、领导、参加黑社会性质组织罪	在全国开展扫黑除恶专项斗争,必须依法铲除黑恶势力,既要打早打小,又要打准打实,绝不能允许其坐大成势。以江某为首的黑社会性质组织,在枝某镇等地所实施的违法犯罪活动,严重危害社会,应依法严惩不贷
5	(2018)浙0302刑初1274号刑事判决书	组织、领导、参加黑社会性质组织罪	虽然,本案黑社会性质组织尚处于较为简单、松散的原始积累阶段,但根据“扫黑除恶”必须坚持“打早打小”的基本刑事政策,应当予以定罪处罚
6	(2018)辽0181刑初190号刑事判决书	非法拘禁罪	本案系以被告人张某辉为首实施的恶势力犯罪,综合考量被告人张某辉非法发放高利贷,多次纠集他人采用暴力或软暴力手段讨债,扰乱社会经济、社会生活秩序,造成较为恶劣的影响,应将本案认定为恶势力犯罪。依照扫黑除恶专项斗争的总体部署要求,对非法高利放贷、暴力讨债的黑恶势力应予以严厉打击
7	(2020)辽01刑终194号刑事裁定书	伪造、变造、买卖武装部队公文、证件、印章罪	以刘某涛为首的犯罪组织具备黑社会性质组织的四个特征,原判认定各上诉人、原审被告人犯组织、领导、参加黑社会性质组织罪事实清楚,定性准确,所判刑罚充分考虑到本案的犯罪事实、性质、情节以及对社会的危害程度,体现了宽严相济的刑事政策,符合刑事法律规定及国家开展扫黑除恶专项斗争的政策要求

续表

序号	案号	案由	相关表述
8	(2019)鄂 1022 刑初 386 号刑事判决书	寻衅滋事罪	被告人刘某才、汪某 2 等人虽依法不能被认定为恶势力犯罪，但其所实施的寻衅滋事行为属于涉恶类犯罪，亦应全面贯彻落实中共中央、国务院《关于开展扫黑除恶专项斗争的通知》精神，被告人刘某才的寻衅滋事行为，系因长期吸毒而行为失控，对社会具有严重的危害性，应从重处罚
9	(2019)冀 0803 刑初 23 号刑事判决书	敲诈勒索罪	本案中，被告人王某亮、刘某彬、王某伙同冀某以团队形式进行敲诈勒索，有一定组织，人员相对稳定，且各有分工，在一段时间内多次实施敲诈勒索行为，扰乱经济秩序，远远超出合法维权的限度，其实施的违法犯罪活动具有较为恶劣的社会影响，按照《关于办理黑恶势力犯罪案件若干问题的指导意见》及当前“扫黑除恶”有关刑事政策，被告人王某亮、刘某彬等人符合恶势力犯罪的主要特征，应予以严惩
10	(2018)辽 01 刑终 533 号刑事附带民事裁定书	寻衅滋事罪	开展扫黑除恶专项斗争，有利于维护社会经济生活秩序，增强人民群众的获得感、幸福感、安全感，是党和国家作出的一项重大战略部署，事关社会大局稳定和国家长治久安，事关人心向背和基层政权巩固。原审法院综合考虑上诉人的具体犯罪事实和量刑情节，以及该恶势力犯罪集团在新民市某地区造成的恶劣社会影响，在法定刑幅度内依法从严判处刑罚，符合相关法律及政策要求，相关上诉理由无事实和法律依据，本院不予采纳

三、地方法院行政审判运用政策的样态

近年来，中共中央、国务院高度重视优化营商环境。2020 年最高人民法院工作报告中“助推法治政府建设”“营造法治化营商环境”成为展示行政审判工作的新的“关键词”。“服务法治化营商环境”成为行政诉讼工作的亮点之一。[1] 为展现“优化营商环境”政策在行政审判中运用的具体样态和基本分布，以聚法案例为数据库，以“优化营商环境”为关键词，检索范围为“裁判理由”，检索限制项为“案件类型：行政”进行检索，筛选掉重复无研究意义的文书，最后得到 113 篇有效裁判文书。

从案由分布看，运用“优化营商环境”政策的裁判文书，涉及的案由包括行政处罚、行政征收、行政登记等。行政处罚、行政征收也是强制性最大、干涉性最强、对相对人影响最为突出的行政行为。

从时间分布上看，运用“优化营商环境”政策的裁判文书自 2018 年至 2020 年呈现逐年递增的总体趋势。上述文书增长的时间节点与最高人民法院发布“优化营商环境”的司法政策的时间相吻合。这表明了最高人民法院通过发布司法政策的方式推动了“优化营商环境”政策在行政审判中的运用。

从法官运用“优化营商环境”政策的方式看，裁判文书中一般表述为“应当按照优化营商环境的要求”“贯彻优化营商环境，保护民营企业发展的政策”“从保护和优化营商环境角度出发”等。法官并未将“优化营商环境”政策直接作为裁判依据，但是从裁判结果看，法官在行政审判中把贯彻落实“优化营商环境”政策作为相

[1] 参见章志远：《地方法院行政诉讼制度创新的法理解读——以上海法院近五年的实践为例》，载《华东政法大学学报》2020 年第 4 期。

关裁判的说理依据。具体来说:一方面,法官从“优化营商环境”角度出发,严格把握政府解除行政协议的条件,加强对“新官不理旧账”“政策不延续、承诺不兑现”等的审查纠正力度,推进法治政府、诚信政府、服务型政府建设。例如,法官认为“政府应该及时履行协议约定的法定职责”“政府不应违反法律规定为企业经营增设限制条件”“政府不应对政府招商引资项目盲目没收和罚款”。另一方面,法院加大对行政主体不作为的监督,督促行政机关积极行使行政权力。在审理涉及市场活动的行政许可、行政审批、行政登记及政府信息公开等案件时,法院进一步加强对行政行为合法性的审查力度,督促行政机关依法简化审批流程、规范登记标准、提高服务水平,推动建立规范高效、公开透明的政务环境,营造稳定公平透明、可预期的营商环境。如,法官认为“执法机关应在审批、监管职能中依法依规履职,及时纠正违法现象,引导业者依法经营,提高行政服务效能”(如表 2.9 所示)。

表 2.9　运用“优化营商环境”政策的裁判文书

序号	案号	案由	相关表述
1	(2017)京 04 行初 1382 号行政判决书	行政征收	综合全案情况,作为地方政府在对国有土地上房屋进行征收补偿时应当采取积极有效措施,严格规范征收行为,善于做好群众工作,通过协调和解方式,力争与被征收人达成征收补偿安置协议,从源头上预防和减少行政争议发生。本案中,华某研究所为了获得对涉案房屋以及其他相关权益补偿,历经八年之久,先后提起数十起行政、民事诉讼案件,不仅给当事人造成大量讼累,占用大量司法资源,也为社会安全稳定带来隐患。优化营商环境,建设法治政府,打造负责任政府,

续表

序号	案号	案由	相关表述
			树立良好政府形象,防止“新官不理旧政”,不是一句口号,而应当落实在一点一滴具体工作中。希望门某沟区政府正确对待与华某研究所之间纠纷,采取积极有效措施依法稳妥处理华某研究所相关权益补偿问题,从而实质性解决行政争议
2	(2020)鲁行再13号行政判决书	其他行政行为	区管委会与瑞某公司因合作问题产生争议,根据生效民事判决查明的事实,双方均有责任,为尽快实现合作旧村改造开发的目的,应当按照诚信原则,各自履行协议约定的义务,妥善化解相关争议。区管委会和区经济发展局作为地方政府部门,应当按照优化营商环境的要求,依法为企业提供服务和保障,而不应违反法律规定为企业经营增设限制条件
3	(2019)辽0881行审23号行政裁定书	其他行政行为	违法占地所建房屋是恒温库,是基于该村百姓卖果难的情况为解决百姓的困扰经村委会同意所建。建成后,极大减轻了百姓的储果困难。现全村有八十多户村民的苹果均放于此,共700吨左右。给当地百姓带来了极大的经济效益,是百姓拥护的建筑。对此,本院认为,为优化营商环境,提高农民的经济收入,不宜将该恒温库拆除,对利民利村的行为也不应罚款处罚。申请人应协助被执行人履行相关手续使之合法化

续表

序号	案号	案由	相关表述
4	(2017)桂10行初222号行政判决书	其他行政行为	原告双某投资公司作为政府招商引资建设项目的投资方,却由于政府方面的原因遭受了损失,被告平某县人民政府及平某县自然资源局不履行协议约定的职责,致使北师大平某附校的配套商业用房设施不能及时得到建设,严重影响北师大平某附校的正常教学运营活动,平某县人民政府在本案中的行为损害了当地招商引资的市场环境,有失公平公正,与当前国家强调贯彻优化营商环境,保护民营企业发展的政策背道而驰。被告平某县人民政府及平某县自然资源局应该及时履行协议约定的法定职责,尽快将诉争地块的土地使用权依照协议约定变更至原告双某投资公司的名下
5	(2018)辽0881行审225号行政裁定书	其他行政行为	营口某有限公司作为投资单位在北海新城投资建设的商业项目,与营口市盖州北海新城管理委员会签有"协议书",属政府招商引资项目。 本院认为对政府招商引资项目应慎重对待,应在执法中限时补办手续使之合法化。从保护和优化营商环境角度出发,不应对政府招商引资项目盲目没收和罚款

续表

序号	案号	案由	相关表述
6	(2017)辽0702行初字8号行政判决书	行政登记	本案第三人经营场地在道路交叉口人行道路上，且在原告经营商铺门前。这种利用公共空地、路边弄口等公用部位作经营场地，涉及市政、城管、土地管理、安全监察、环境监测等相关职能部门的监管，影响到周边居民出行、商铺经营、道路交通、环境卫生等多方面。一个城市在不断向前发展建设的进程中，势必要淘汰阻碍城市建设和经济发展的历史遗留现象。工商行政管理执法机关应在审批、监管职能中依法依规履职，及时纠正违法现象，引导业者依法经营，提高行政服务效能，才能优化营商环境，通过管理为社会和经济发展服务。故原告要求判令被告撤销第三人个体工商户执照，依法有据，本院予以支持
7	(2020)渝05行终204号行政判决书	行政登记	市规资局和征税部门系两个不同的部门，各司其职，加强部门协作、实行并行办理，压缩办理时间，按上述通知进行的办证方式，是行政部门共同贯彻房屋交易的快速、便捷、高效、利民的宗旨，也是国务院倡导的优化营商环境的重要举措之一，市规资局按照上述规定流程的办理房屋交易的举措并没有违反相关规定

续表

序号	案号	案由	相关表述
8	（2020）鲁 01 行终 477 号行政判决书	其他（城建）	随着改革向纵深推进，取消建筑企业养老保障金制度，符合社会经济发展的实际，也符合《优化营商环境条例》明确的“没有法律、法规或者国务院决定和命令依据的，行政规范性文件不得减损市场主体合法权益或者增加其义务”的规定。建筑企业养老保障金的审核拨付或者清算拨付，是建筑行业主管机关的法定职责，更涉及企业的切身利益。主管机关履职正当与否，是经济社会治理体系建设的重要内容，事关营商环境的优化与改善
9	（2021）豫 1425 行初 5 号行政判决书	行政收费	本案中涉案麻花系胡合峰从虞城县马牧大市场购进并提供了上家的《营业执照》和《食品经营许可证》等相关证据材料，已经尽可能履行了《中华人民共和国食品安全法》规定的进货检验等义务，且销售的麻花数量较少，没有造成危害后果，违法情节轻微，被查处后主动纠正违法行为，对原告经营者胡合峰应遵循批评教育为主，处罚为辅的原则。被告对原告作出的行政处罚有悖《中华人民共和国行政处罚法》处罚与教育相结合的原则，也不利于优化营商环境，应予纠正

续表

序号	案号	案由	相关表述
10	（2021）京 03 行终 306 号行政判决书	其他行政行为	“法治是最好的营商环境”，深刻阐明了法治和营商环境的关系，对用法治打造良好营商环境提出了明确的要求。营商环境不仅是经济发展的“晴雨表”，更是干部作风的“显示器”，谁拥有法治营商环境，谁就拥有竞争优势，就能在促进经济转型升级和高质量发展进程中走在前列，要将法治贯穿政府治理的各环节、全过程，注重倾听企业呼声，及时回应市场主体关切，进一步提高法治服务精细化水平，为各类市场主体营造稳定、公平、透明、可预期的良好环境，进而更好地激发市场活力和社会创造力

通过上文对聚法案例中所涉及的党的政策的裁判文书进行认真梳理和研究，基本上可以描绘近年来法官在裁判文书中运用政策的真实图景，勾勒出政策司法化的现实景象，从而对法官在裁判中是否运用党的政策、如何运用党的政策有了更为真实和清晰的认识。对此，大致可以得出如下结论：我国法院特别是地方各级法院主要是以司法裁判的方式贯彻执行党的政策，扮演着政策实施者的角色。法官将党的政策运用于民事、刑事、行政案件的审判过程中，关注案件的社会效果与政治效果，考量相关行为是否“符合政策”“与政策相违背”“为贯彻执行某政策”。法官在审理案件的过程中注重裁判结果与党的政策的目标保持一致，有时摒弃“三段论”的推理方式，而是采用“结果导向”的推理方式。正如有学者所言：“政策发挥作用的直接方式包括政策作为案件裁判的直接依据、政策作为案件是否应进入法院审理范围的标准、政策作为影响司法裁判的具体尺度三个方面，政策的司法适用明确直接地影响

了个案中的利益分配、当事人权利义务的内容与实现方式等。”[1]政策进入司法具有两种路径：第一种方式是以间接的方式借助最高人民法院的司法解释，沿着“党的政策—司法政策—司法解释—司法裁判”的路径运作[2]；第二种方式是绕过司法解释，法官直接考量政策[3]。

第三节 政策司法化的微观考察

法院执行党的政策不但可以体现为宏观上最高人民法院将司法工作置于党和国家的工作大局之中，体现为中观上法官对涉及党的政策的类案的审判上，而且还体现在微观的法官的政策思维和裁判行为上。鉴于当前裁判文书说理不足、不反映推理过程的情况，法官运用政策进行裁判的过程可能无法体现在裁判文书中，而更可能反映在合议庭审议记录、案件审理报告中。基于此，本书在考察聚法案例裁判文书的基础上，以法官访谈方法为补充，深入了解法官对于法院执行党的政策的主观感受，深层次挖掘法官在具体个案裁判中的政策考量因素，将“法官调查访谈”实证研究与“聚法案例裁判文书”披露信息进行对照，以增强论证和结论的说服力。

---

[1] 刘思萱：《政策对我国司法裁判的影响——基于民商事审判的实证研究》，中国政法大学出版社2016年版，第29页。

[2] 参见宋亚辉：《公共政策如何进入裁判过程——以最高人民法院的司法解释为例》，载《法商研究》2009年第6期。

[3] 参见孔祥俊：《论裁判的逻辑标准与政策标准——以知识产权法律适用问题为例》，载《法律适用》2007年第9期。

一、对法官的问卷调查

本部分采用问卷调查的研究方法，对法院执行党的政策以及法官运用党的政策的认识和主观感受进行调研。本次调查发放问卷 126 份，收回有效问卷 100 份。

有效问卷中受访对象审判经验分布为：从事审判工作 5 年以下者 37 人，从事审判工作 5 ~ 10 年者 36 人，从事审判工作 10 年以上者 27 人（如图 2.1 所示）。

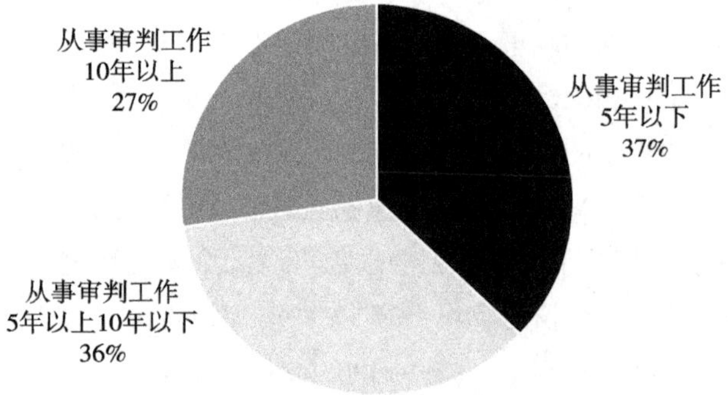

图 2.1　受访对象审判经验分布

有效问卷中受访对象所在法院审级分布为：基层人民法院 12 人，中级人民法院 57 人，高级人民法院 30 人，最高人民法院 1 人（如图 2.2 所示）。

有效问卷中受访对象所在审判岗位分布为：民事审判部门 42 人，刑事审判部门 31 人，行政审判部门 27 人（如图 2.3 所示）。

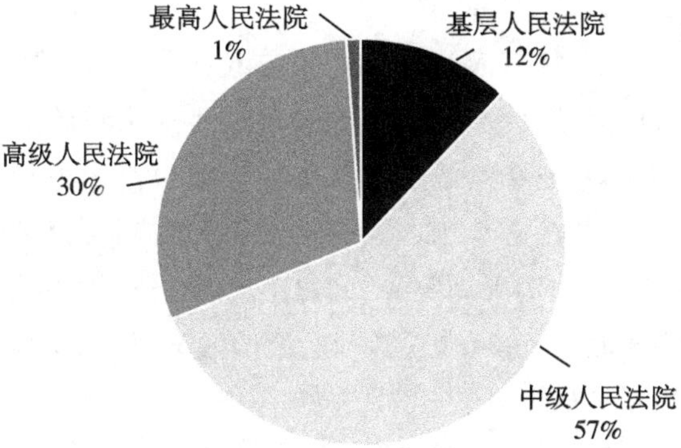

图 2.2 受访对象所在法院审级分布

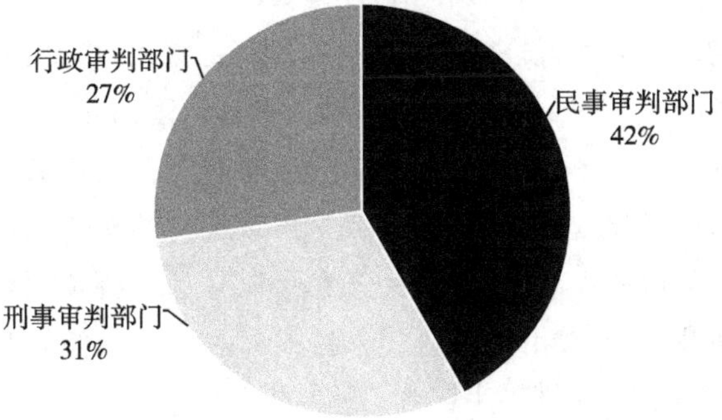

图 2.3 受访对象所在审判岗位分布

本次调查问卷共五个问题:

第一个问题,法官审理案件过程中是否会受到党的政策的影响。收回的有效问卷中:88%的法官认为审理案件受到党的政策影响较大;11%的法官认为审理案件受到党的政策影响较小;1%的法官认为审理案件只能依据法律,不应受到党的政策影响。

第二个问题,哪类案件受到党的政策影响较大。收回的有效问卷中:68%的法官选择民事案件;22%的法官选择行政案件;

10% 的法官选择刑事案件。

第三个问题,法官应当通过何种方式在司法裁判中运用党的政策。收回的有效问卷中:12% 的法官认为应当将政策作为裁判依据引入司法裁判;40% 的法官认为应当将政策作为裁判文书的说理依据;48% 的法官认为,将政策引入司法裁判,只是法官的内心活动,法官受到"为大局服务"的司法理念影响,在审判过程中会不自觉地考量政策因素,考量裁判的政治效果,但不会将政策作为裁判依据或说理依据。

第四个问题,党的政策进入司法场域的最佳方式是什么。收回的有效问卷中:68% 的法官认为,从维护国家法治角度出发,应当由立法机关将党的政策转化为法律,法官适用法律的过程也即执行党的政策的过程。22% 的法官认为,将党的政策转化为司法解释是党的政策介入司法场域的最佳方式。理由是,党中央提出某项新的政策主张,立法机关将党的政策转化为法律总是存在一定的滞后性,但法官面对司法实践中出现的新情况新问题必须作出裁判。与司法政策不同,司法解释可以作为裁判依据被法官引用于司法裁判,所以由最高人民法院及时将党的政策转化为司法解释以指导全国法院司法审判,是党的政策介入司法场域的最佳方式。10% 的法官认为,指导性案例是当前党的政策介入司法场域的最佳方式。理由是,最高人民法院将党的政策转化为具有普遍指导意义的典型案例,有助于统一法律适用标准,也有益于统一政策的运用标准。这也符合党的十八届四中全会提出的"加强和规范司法解释和案例指导,统一法律适用标准"的要求。

第五个问题,当前法院执行政策或法官运用政策过程中出现了哪些问题。法官们认为当前法院执行政策或法官运用政策过程中出现的问题主要有以下几个方面:有的法官认为,最高人民法院制定司法解释有时过于迎合政策,背离了刑法规范;有的法官认为，在开展的扫黑除恶专项斗争中，一些地方法院出现了运动式司法倾向；有的法官认为，部分法官混淆政策与法律的界限，直接适用司法政策作为裁判依据；有的法官认为，法官在案件中运用政策说理时，说理过于简单。

二、对法官的现场访谈

在调查问卷的基础上，本部分通过访谈四位审判经验丰富的法官，从内部参与者的视角，力求挖掘法官对法院执行党的政策的真实观点。对法官访谈的初步问题可以概括为：法官在司法审判中是否会考量党的政策？党的政策是否可以作为司法裁判的依据？有没有你承办的或是熟悉的关于法官运用政策审理案件的典型案例？

法官 A 在某省高级人民法院刑事审判部门工作多年，长期审理刑事案件。

法官 A 的观点是：法官审理案件时一定程度上受到党的政策影响。刑事审判受到党和国家的政策影响较大。在刑事审判方面，根据罪刑法定原则，政策不能作为刑事案件审判的依据，但党的政策会影响刑事司法活动的基本价值取向。其认为张某中无罪改判案件是法院执行党的政策的典型案例。张某中诈骗、单位行贿、挪用资金再审一案，最高人民法院撤销原审判决，改判张某中无罪。张某中案件的改判，是法院落实党中央产权保护和企业家合法权益保护政策的一个典型案例。改判张某中无罪，体现了党中央加强产权保护、加强企业家合法权益保护的政策导向。

法官 B 在某省高级人民法院赔偿办公室工作，长期审理国家赔偿案件。

法官 B 的观点是：人民法院办理的司法救助案件，体现了人民法院对党中央政策的执行。党的十八届三中全会明确提出健全国家司法救助制度，保证人民群众在遇到法律问题或者权利受到侵害时获得及时有效的法律帮助。最高人民法院发布了《关于加强和规范人民法院国家司法救助工作的意见》，进一步明确了司法救助申请、救助金的标准、拨付救助金的程序和救济等。其所在法院办理董某昌等一家五人司法救助案件时，充分考虑被害人家人因遭遇刑事犯罪侵害失去家里顶梁柱，被害人遗孀精神受到刺激体弱多病，二老收入微薄家庭生活窘迫等特殊状况，在救助额度上给予突破性关怀，决定司法救助金额 30 万元，体现了其所在法院积极执行党的政策，贯彻落实司法救助工作。

法官 C 在某中级人民法院工作多年，长期从事知识产权审判工作。

法官 C 的观点是：法官审理案件一定会受到党的政策的影响。当前，党中央提出国家知识产权战略和创新驱动发展战略，其所在法院知识产权法庭加大对侵权源头的惩治力度，积极采用惩罚性赔偿机制，提高侵权损害赔偿金额，以加强对知识产权的保护。关于法院执行党的政策，其印象比较深刻的典型案例是北京市高级人民法院发布的《锦绣未央》侵权案，这个案件涉及新技术条件下典型的大规模抄袭行为，法院的裁判及时向社会传递了尊重鼓励原创、抵制抄袭的声音，充分体现了人民法院贯彻落实知识产权保护的政策导向。

法官 D 在基层人民法院工作多年，长期从事民事审判工作。

法官 D 的观点是：虽然法官审理案件会受到党的政策的影响，考量政治效果和社会效果，但在裁判文书普遍上网的背景下，从维护国家法治形象的角度出发，法官不便将政策直接作为裁判依据。严格依据法律审判案件，是法官最基本的职责。法官审理案件所依据的只能是法律等正式的法律渊源，政策作为非正式法律渊源，不能被援引在裁判文书中，只能作为法官审理案件的考量因素。

三、调查访谈的结论

虽然以上对法官的调查访谈无法体现全国法院法官的观点，但也能从一个侧面看到法官对于法院执行党的政策的观点和态度。对以上调查访谈内容进行分析后可以发现，被调查法官对法院执行党的政策的主观感受主要集中在以下四个方面。

首先，无论是审理刑事案件、行政案件还是民事案件，绝大多数法官认为审理案件除了“以事实为依据，以法律为准绳”外，还应当考量党和国家的政策，党和国家的政策在一定程度上影响着司法审判。按照法治的要求，司法应严格依据法律规则审理案件，但过分拘泥法条的教义分析，忽视法条背后的政策考量和情理因素，就容易出现明显有悖社情民意的结果。一方面，从案件处理的角度讲，法官在司法裁判中运用党的政策，可以实现案件法律效果与社会效果的统一，减少涉诉信访案件的发生，最大程度化解个案处理中可能产生的社会风险。另一方面，从法官个人角度讲，在司法裁判中运用党的政策，也可以使自己的裁判遵循正确的政治方向，降低自身风险。

其次，党和国家的政策在一定程度上影响着司法裁判，但对民事案件、行政案件和刑事案件的影响程度是不同的。党的政策对民事案件的影响较大，对法官审理刑事案件的影响较小。法官们的这一认知，与民事、行政、刑事案件的裁判依据有很大关联。审理民事案件时没有明确的法律规定作为裁判的直接依据，法官应当首先寻找最相类似的法律规定作出裁判；如果没有最相类似的法律规定，法官可以依据政策等非正式法律渊源作出裁判。法院审理行政案件，以法律和行政法规、地方性法规为依据，参照规章。但法官审理刑事案件则受罪刑法定原则约束，法官只能依据现行的刑法规范作出裁判。

再次,大部分法官均不认可党和国家的政策直接作为司法裁判的依据,但认为其可以被引用在裁判文书的说理部分,承认政策在裁判过程中对法官审理案件的思维方式产生一定影响,影响法官的内心权衡。法官们的这一认知,与最高人民法院关于裁判文书引用法律的相关规定有很大关联。根据最高人民法院《关于裁判文书引用法律、法规等规范性法律文件的规定》,政策不能作为案件裁判依据,但可以作为裁判说理依据。

最后,从上述调查访谈可以看出,党的政策对于不同层级法院的法官的重要性和意义不同。一般而言,法院层级越低,法官对政策的考量相对越少,法律适用的灵活性较小,法官更多考量的是法律的逻辑演绎以及技术层面的操作。法院的层级越高,法官对党和国家的大政方针政策掌握越多,政策考量对司法裁判亦越重要,法官越注重裁判中政策的导向性。正如有些法官所概括的:基层人民法院主要考虑法律效果,中级人民法院考虑法律效果和社会效果,高级人民法院和最高人民法院统筹考虑法律效果、社会效果和政治效果。

第三章　政策司法化的问题与分析

最高人民法院以司法解释、司法文件、指导性案例等载体，将党的政策转化为司法政策并运用于司法审判。无论是最高人民法院、地方法院，还是各级法院的法官，在政策司法化过程中均存在一些亟须纠偏的问题。这些问题不仅妨碍了党的政策被科学有效地转化为司法政策指导司法裁判，还影响着审判质效和司法公信力。政策司法化实践中存在的主要问题包括：在最高人民法院层面，某些刑事司法解释背离了刑法原理，有悖罪刑法定原则，影响了刑法的确定性；某些民事司法解释未能审慎地平衡政策目标与法律价值，与现行民事法律规范相冲突，导致利益保护失衡；某些政策性司法文件未能科学地将政治话语转化为法律话语，冲淡了司法政策本应具有的符合司法规律和司法技术的特征。在地方法院层面：一是在地方领导干部以"要求服务地方大局"的影响下，扭曲了政策和法律的关系，把"土政策"作为党的路线方针政策，严重破坏了司法规律和法治原则；二是受政策制定者与政策执行者利益偏差、信息沟通机制不完善、监督机制不健全等因素的影响，有些地方法院往往"运动式""放大式""选择式"执行政策。在一线法官层面，由于缺乏法治理念和政策思维，在司法裁判中，有些法官在裁判文书中简单化地运用政策进行"释策明理"，甚至直接引用政策条文作为裁判依据，致使政策与法律冲突，损害了法律权威和司法公信力。

第一节 最高人民法院转化政策中的现实问题与分析

最高人民法院在我国法院系统中居于“最高”位置，其除了以诉讼程序的形式对各级法院的审判工作进行监督以外，还要制定司法解释、政策性司法文件、发布指导性案例等，为各级人民法院审判案件提供参照，对各级法院的审判活动进行指导。最高人民法院通过转化党的政策将政策司法化，这体现了在国家权力配置与运行中司法权所扮演的角色和定位，同时也象征着在现代法治国家中最高人民法院所拥有的政治功能和社会地位。一方面，最高人民法院就法律在应用过程中产生的问题制定相关司法解释，作为法官裁判的依据；另一方面，最高人民法院还制定政策性司法文件指导司法实践，引导法官的司法理念。然而，在实践中，最高人民法院在转化党的政策过程中，出现了一些亟须纠偏的问题，如政策司法化的法理基础薄弱，回应党的政策过于简单化等问题。

一、政策司法化的法理基础薄弱

把党的政策转化为司法解释，是最高人民法院将政策司法化的主要方式。在司法金字塔结构中，最高人民法院能充分理解立法精神和国家的政策意图，因而其能够超越个案事实将党的政策文件转换为司法解释。最高人民法院就法律在应用过程中产生的问题制定相关司法解释作为法官裁判的依据，进而指导全国法院的审判工作。在进行司法解释时应当遵循法律的优先性原则，即司法解释应当以法律条文为准绳，不得超越法律规定的范围进行解释。然而,最高人民法院某些司法解释缺乏法理基础,有时为了迎合政策不适当地扩张解释。[1]

(一)某些刑事司法解释背离刑法原理

刑事司法解释是最高人民法院政策司法化的重要方式,在指导刑事司法实践、明确刑事司法裁判标准、规范法官的自由裁量权等方面发挥重要作用。[2] 最高人民法院经常以制定刑事司法解释的形式,将政策主张引入刑事司法实践中。[3] 最高人民法院可以通过刑事司法解释填补法律空白或解决法律条文的模糊性。最高人民法院制定刑事司法解释时应当严格遵守罪刑法定原则。罪刑法定原则要求通过事先明确规定犯罪与刑罚,使人们能够预测自己行为的后果。[4] 刑法文义射程框定了刑事司法解释的边界,是最高人民法院制定刑事司法解释时不可逾越的"红线"。因此,最高人民法院制定的刑事司法解释不能突破刑法规定的基本框架,刑事司法解释不能超过刑法规定的语义辐射范围。因此,刑事司法解释应当对现行刑法规范、法律条文的含义、内容、概念、术语以及适用的条件等作出具体说明,严格按照刑法的立法本意来正确解释法律。然而,由于我国长期以来形成的政法传统,最高人民法院发布的某些刑事司法解释背离了刑法规范内容,违反了罪刑法定的基本原则。

其表现之一是,某些刑事司法解释背离罪刑法定原则,出现了

---

〔1〕 参见马长山:《法律的空间"穿越"及其风险——从两高办理网络诽谤等刑事案件的司法解释出发》,载《苏州大学学报(法学版)》2014 年第 4 期。

〔2〕 参见李翔:《论刑事司法政策司法解释过度化的弊端及其反思》,载《法治研究》2014 年第 8 期。

〔3〕 参见张大海:《2008 年以来人民法院司法政策实证研究——以最高人民法院司法解释为主要对象的分析》,载《南阳师范学院学报》2011 年第 5 期。

〔4〕 参见王永茜:《论抽象危险犯的立法界限》,载《刑法论丛》2013 年第 3 期。

罪刑法定原则所禁止的类推解释,违背了刑事法律规范的确定性。罪刑法定原则要求刑事法律规范的确定性,刑事法律规范的确定性与公民对于刑事制裁的可预见性密切相关。只有刑事法律规定具有确定性,公民才能准确预见其行为将会产生的后果。然而,最高人民法院制定的某些刑事司法解释却损害了刑事法律规范的确定性。例如,随着信息网络技术的不断发展,利用信息网络实施的违法犯罪活动日渐增多,社会危害性日益凸显。党的十九大报告提出要"建立网络综合治理体系,营造清朗的网络空间"。为了应对网络犯罪的挑战,最高人民法院、最高人民检察院联合发布了《关于办理利用信息网络实施诽谤等刑事案件适用法律若干问题的解释》(以下简称《网络诽谤司法解释》)。根据该司法解释第五条规定,编造虚假信息,或者明知是编造的虚假信息,在信息网络上散布,或者组织、指使人员在信息网络上散布,起哄闹事,造成公共秩序严重混乱的,依照刑法第二百九十三条第一款第(四)项的规定,以寻衅滋事罪定罪处罚。为了填补对利用信息网络造谣、传谣予以刑事归责的法律漏洞,这一规定将在网络空间造谣、传谣的行为解释为"在公共场所起哄闹事,造成公共场所秩序严重混乱",从而以寻衅滋事罪定罪处罚。最高人民法院 2013 年 7 月 15 日公布的《关于办理寻衅滋事刑事案件适用法律若干问题的解释》将"公共场所"限定为现实物理空间的公共场所。《网络诽谤司法解释》却把网络空间类比于现实物理空间,把网络虚拟社会类比为现实社会,有违反罪刑法定原则之嫌,受到了著名法理学家马长山、著名刑法学家张明楷以及阎二鹏等学者的质疑和批评。他们指出,"在公共场所起哄闹事"中的"公共场所"是指行为发生的场所,"造成公共场所秩序严重混乱"中的"公共场所"是指结果发生的场所,但两者指向应当是同一个场所。换言之,只有在公共场所聚众闹事且导致该场所秩序混乱的,才构成寻衅滋事罪。公共场所是一个现实场所,一个实体空间,但《网络诽谤司法解释》中对寻衅滋事罪中的"公共场所"重新进行了界定,将"公共场所"改为"公共秩序",将网络空间的言行与现实空间的公共秩序联系在了一起。[1] 这可能有利于打击网络犯罪,但却违背了刑法的确定性准则,实质上属于解释者的造法行为。同时,将所要解释的下位概念"公共场所秩序"提升为上位概念"公共秩序"而作出的解释属于应当被禁止的类推解释。[2] 正如学者所批评的,《网络诽谤司法解释》对"公共场所"的解释违反了罪刑法定原则。[3] 另外,《网络诽谤司法解释》将在网络上散布信息起哄闹事的行为纳入"寻衅滋事罪"的口袋,对此有学者指出,"通过司法解释的形式扩大某种罪名的具体实施行为涉嫌重新立法"[4]。在网络犯罪刑法规定未发生变化的情况下,将现实社会的寻衅滋事罪扩大至虚拟的网络空间,以严厉惩处破坏网络公共秩序的行为,这样的司法解释难免会造成以合法形式之名行非法侵犯网民言论自由之实的客观结果。[5] 虽然,《网络诽谤司法解释》在一定程度上对于严惩网络犯罪、维护社会稳定发挥了积极作用,但是这种违背刑法文本、违反罪刑法定原则的司法解释,会助长法律工具主义,损害司法的权威性。

其表现之二是,某些刑事司法解释将没有侵害法益或法益侵害轻微的行为纳入犯罪构成要件的范围,违背了刑法的谦抑性原

---

〔1〕 参见马长山:《法律的空间"穿越"及其风险——从两高办理网络诽谤等刑事案件的司法解释出发》,载《苏州大学学报(法学版)》2014 年第 4 期。

〔2〕 参见张明楷:《刑法分则的解释原理》(第 2 版),中国人民大学出版社 2011 年版,第 95 页。

〔3〕 参见张明楷:《简评近年来的刑事司法解释》,载《清华法学》2014 年第 1 期。

〔4〕 阎二鹏:《共犯行为正犯化及其反思》,载《国家检察官学院学报》2013 年第 3 期。

〔5〕 参见王玉薇:《网络犯罪司法解释的困境与出路》,载《法律方法》2017 年第 2 期。

则。刑法的谦抑性,究其实质就是限制刑法的扩张,使其保持在一个合理的范围之内。[1] 制定刑事司法解释坚持谦抑性原则,可以间接地控制犯罪圈的规模和限制刑事处罚的程度,防止刑法解释不必要地扩张,从而更正过度入罪化的情形。刑法规范与其配套的刑事司法解释都属于刑事法律制度的范畴,由于其制裁的严厉性会对公众的权利造成严重影响,故刑事法律制度在参与社会治理的过程中必须严格遵守与其他法律部门的界限,合理有效地发挥其矫正正义的功能。制定刑事司法解释坚持谦抑性原则,可以间接地控制犯罪圈的规模和限制刑事处罚的程度,防止刑法解释不必要地扩张。党的十八大以后,党中央越来越重视生态文明建设,为进一步加大对环境污染犯罪的打击力度,依法严惩环境污染犯罪,最高人民法院、最高人民检察院制定了《关于办理环境污染刑事案件适用法律若干问题的解释》(以下简称《环境污染司法解释》)。按照该司法解释,2 年内曾因违反国家规定,排放、倾倒、处置有放射性的废物、含传染病病原体的废物、有毒物质受过 2 次以上行政处罚,又实施前列行为的,应当认定为"严重污染环境"。这也就意味着,经过 2 次行政处罚以后,再次出现污染环境的行为,就会被视作"严重污染环境"。而《刑法》第 338 条中规定的"严重污染环境",实质上是对犯罪结果的要求。换言之,仅仅有污染环境的行为无法构成污染环境罪,唯有这一行为产生的结果为"严重污染环境"的情况下,才构成"严重污染环境"。《环境污染司法解释》为了突出从严惩处污染环境的犯罪,将《刑法》规定的"严重污染环境"的结果要素予以消除,认定"严重污染环境"不再要求以造成损害结果为前提。[2] 该司法解释忽视了这样一种情形,即受到

---

[1] 参见徐岱:《刑法解释学基础理论建构》,法律出版社 2010 年版,第 75 页。
[2] 参见张明楷:《简评近年来的刑事司法解释》,载《清华法学》2014 年第 1 期。

行政处罚的行为可能并未产生污染环境的后果，或者即使产生了污染环境的后果，但可能并没有达到严重侵犯环境质量法益的程度，故不应被认定为“严重污染环境”。《环境污染司法解释》将未污染环境的行为规定为“严重污染环境”，属于超越文义的扩大解释；其将一些尚未严重侵犯环境质量法益的行为解释为“严重污染环境”，意味着将一般的行政违法行为以犯罪论处，使污染环境方面罪与非罪的界限变得相当模糊，违背了刑法的谦抑性与明确性原则。该规定已经超越了刑法规定的“严重污染环境”的语义辐射范围，降低了污染环境犯罪入罪门槛，使本应当受到行政处罚的行为进入刑事处罚的范围，打破了刑罚与行政处罚的平衡。

综上，最高人民法院制定刑事司法解释有时会突破刑事法律规范文义的限制，强调其犯罪治理功能，这样虽然可以在短时间之内满足刑事司法解释法益保护的需求，但从长远来看这样的刑事司法解释可能会损害刑事法律体系的稳定性。

（二）某些民事司法解释背离民事法律规范

制定民事司法解释是最高人民法院回应党的政策的重要方式之一。最高人民法院在制定司法解释过程中不可避免涉及利益调整，在司法解释形成机制中预设利益倾向立场，可能导致社会经济生活中利益关系的失衡，在一定程度上打破立法确定的社会利益关系格局，容易出现利益调整结果与利益调整目标相反的后果。因此，在司法解释形成过程中设定利益调整机制，应当特别审慎，不能超出立法本意所赋予的可供司法解释调整的利益格局与制度空间。[1] 当前我国正处于社会转型时期，利益多元和贫富差距日

---

〔1〕 参见陈甦：《司法解释的建构理念分析——以商事司法解释为例》，载《法学研究》2012 年第 2 期。

趋明显,要实现社会的公平正义与和谐稳定,必须关注和保护弱势群体的合法权益。因此,党中央一再强调关注和保护弱势群体。为此,最高人民法院出于保护被执行人及其扶养家属的基本生存权的考量,于2004年11月发布了《关于人民法院民事执行中查封、扣押、冻结财产的规定》(以下简称《民事执行规定》)。《民事执行规定》明确规定:"对被执行人及其所扶养家属生活所必需的居住房屋,人民法院可以查封,但不得拍卖、变卖或者抵债。"[1]这一规定充分体现了国家尊重、保障人权和保护公民基本生存权的宪法理念。然而,这一规定实际上否定了当时《担保法》所规定的抵押权的效力,使抵押担保无法获得法律预设规则的保护,导致抵押权人实现抵押权时,无法要求法院通过执行程序将用于抵押的房屋拍卖、变卖或将其抵债。司法解释的这一规定与民事法律规范相关规定冲突,其法理基础薄弱。同时这一规定助长了一些失信债务人通过赠与、买卖等方式将其多余住房转移至亲友、子女名下,使被保全的房屋成为其唯一住房,从而借以逃避执行。由于我国大部分的居民购买房屋一般都是向银行抵押贷款,这一规定使从事商品房按揭贷款业务的商业银行面临的个人信用风险陡然增加。《民事执行规定》发布后,银行纷纷上涨个人住房贷款首付款比例,以抵御可能无法收回贷款的风险隐患。银行纷纷上涨个人住房贷款首付款比例,直接导致了低收入者无法支付高额首付款,从而难以获得银行贷款。最高人民法院制定《民事执行规定》的初衷是保护社会弱势群体的权益,但实施结果却对低收入的首套购房者产生了极大影响,致使许多原本可以获得银行住房贷款的人无法贷款买房,最终损害了广大消费者的利益。为了解决这一问

[1] 参见《最高人民法院关于人民法院民事执行中查封、扣押、冻结财产的规定》(法释〔2004〕15号)。

题，最高人民法院又发布了《关于人民法院办理执行异议和复议案件若干问题的规定》，规定在符合一定情形的条件下，也可以对被执行人本人及其所扶养家属维持生活必需的居住房屋予以强制执行。最高人民法院制定《民事执行规定》时在司法解释形成过程中偏重利益调整，缺乏审慎的经济分析考量，出现了利益调整结果与利益调整目标相反的结果。

二、政策司法化的模式相对僵化

政策司法化，不仅是人民法院在执行党的政策过程中完成自身公共化塑造的过程，更是人民法院参与多重治理并彰显公共理性、塑造公共价值、实现公共治理功能的重要途径。从根本上说，政策司法化意味着司法的“双重公共化”：一方面，人民法院通过在司法裁判中对政策所蕴含的利益关系进行司法的二次分配，完成政策对社会规制的同时实现司法自我公共性塑造。[1] 另一方面，人民法院将政策司法化并以司法政策的形式展现出来，司法也由此完成了其外部的公共性建构。这样，政策司法化的过程中，人民法院所扮演的不仅是一个政策“搬运工”的角色，也是一个政策的司法生产与再生产的过程。[2] 与法律相比，司法政策往往是来自中央机关的意志，具有较高的权威性和说服力，带有强烈的时效性，体现了“当前形势下”的中心任务。从司法政策的发布时间和动因来看，最高人民法院总是紧紧跟进式地根据党的战略决策和政策决定制定司法政策。例如，党的十六届六中全会通过的《关于构建社会主义和谐社会若干重大问题的决定》强调建设创新型国

---

〔1〕 参见方乐：《司法参与公共治理的方式、风险与规避——以公共政策司法为例》，载《浙江社会科学》2018 年第 1 期。

〔2〕 参见方乐：《司法参与公共治理的方式、风险与规避》，载《浙江社会科学》2018 年第 1 期。

家。最高人民法院随后便印发了《关于全面加强知识产权审判工作为建设创新型国家提供司法保障的意见》,要求各级法院进一步加大知识产权司法保护力度,依法保护知识产权,维护公平竞争,促进自主创新,服务对外开放,把知识产权司法保护贯穿于知识产权创造、管理和运用的全过程,为实施国家知识产权战略,为建设创新型国家和构建社会主义和谐社会提供强有力的司法保障。党的十七大提出"实施知识产权战略"的重大部署,最高人民法院随即发布了《关于贯彻实施国家知识产权战略若干问题的意见》,要求各级法院充分发挥司法保护知识产权的主导作用,切实保障创新型国家建设。这种逻辑下的司法政策体现了人民法院的能动司法,主动为大局服务的司法理念,凸显了司法的政治功能、社会治理功能。

然而,最高人民法院在政策司法化过程中,有时简单化回应党的政策,未通过一定的"译码"程序将政治符码转化为法律符码,也未将党的政策转化为一种司法规范和司法技术,消解了司法政策本应具有的符合司法规律和司法技术的特征,从而降低了司法系统的自主性。[1] 党的政策属于政治系统的组成部分,法院制定的司法政策属于法律系统的组成部分。政治系统与法律系统有着各自独有的基本符码和话语体系。政治系统通过运用"有权/无权"基本符码对权力的分配进行协调,而法律系统则是运用"合法/非法"基本符码对行为的规范性进行评判。从系统论法学出发,司法系统依托法律系统"合法/非法"的二元符码对个案作出司法裁判。法律系统借助"合法/非法"符码在运作层面保持封闭,使法律系统的自主性得到了保障。法律系统的运作自成一体,政治系统的影

---

〔1〕 参见郑智航:《最高人民法院如何执行公共政策——以应对金融危机的司法意见为分析对象》,载《法律科学(西北政法大学学报)》2014 年第 3 期。

响非经系统符码转译不得进入法律系统。[1] 最高人民法院直接将执政党的政治话语一一映射到司法政策中,简单"比照"党的政策制定司法政策;也就是说,党和国家制定了什么样的政策,最高人民法院就制定内容高度重合的司法政策。这种政策司法化的方式,忽略了司法运作的基本规律,降低了司法系统的自主性,意味着未转化为法律符码的政治符码可能直接进入法律系统。一旦政治符码未经转化直接进入法律系统,便会出现在司法系统中直接适用政策的情形。[2] 此外,政治话语体系与法律话语体系具有不同的属性。政治话语体系具有权威与商谈的属性,政治话语的表达主要是依靠权威和商谈的博弈来实现的。[3] 规范的法律规则是法律话语体系不可或缺的要素,规范属性是法律话语体系的属性。法律话语是法律思想、法律价值、法治理念的具体表达,既包含了专业的话语形式,又包含了法治思维,体现了法律人的专业能力。[4] 法律话语背后是法律知识技术、法律思维方式和价值判断倾向的综合折射。[5] 在法律话语体系中包含了法律规范、法律概念和法律方法,其中法律规范是核心内容,法律概念和法律方法围绕法律规范共同发挥作用,这就是所谓的"法言法语"。[6] 将意识

---

〔1〕 参见张海涛:《政治与法律的耦合结构:党内法规的社会系统论分析》,载《交大法学》2018 年第 1 期。

〔2〕 参见张海涛:《政治与法律的耦合结构:党内法规的社会系统论分析》,载《交大法学》2018 年第 1 期。

〔3〕 参见邹鹏:《论法律人话语中的规范隐退及其方法论纠正》,载《法律方法》2018 年第 1 期。

〔4〕 参见邹鹏:《论法律人话语中的规范隐退及其方法论纠正》,载《法律方法》2018 年第 1 期。

〔5〕 参见石东坡:《作为法治文化的言说与表达:法治话语体系初论—以法治话语体系的界定、生成与对策为对象》,载《甘肃理论学刊》2014 年第 5 期。

〔6〕 参见邹鹏:《论法律人话语中的规范隐退及其方法论纠正》,载《法律方法》2018 年第 1 期。

形态色彩浓厚的政治话语转变为法律话语,有效克服传统宣传模式的空洞化倾向。政策司法化从本质上说,是一个政治目标融入司法并借助司法实现的过程。法院将政策司法化需要通过一定的“解码”或“译码”程序,将其转化为法律系统的符码,如“合法/非法”“权利/义务”“正当程序”等,才能进入司法场域。如果未将政治话语转化为法律话语,法律的自主性、自治性则将受到严重侵蚀,司法在强力政治逻辑的塑造下容易走向法律工具主义或实用主义。

第二节 地方法院执行政策中的现实问题与分析

政策能否得到良好贯彻执行取决于多重因素,既有政策制定的内容、政策执行的环境等客观因素,也有政策执行主体等主观因素。法院执行党的政策过程中,最高人民法院主要起到“转化”政策的作用,即将党的政策转化为司法解释、司法文件、指导性案例等。地方法院主要是执行政策的主体,只有地方法院积极有效地执行党的政策以及最高人民法院制定的司法政策方能“政令畅通”,地方法院拒绝执行与不完全执行就会导致政策执行梗塞。地方法院与最高人民法院对于同一政策可能存在不同理解。不同地方法院会因对某一政策内容的理解不同,而出现同案不同判现象。此外,一些党中央政策经由地方党政机关转化为地方政策时,由于地方法院服务地方经济社会大局,地方党委政策也会介入地方法院的司法裁判之中,从而在地方法院政策司法化过程中,增加地方法院执行党的政策出现偏差的概率。

一、执行政策偏差及其表现

(一)“地方保护主义”式执行

如前所述,我国党政体制形成了纵横交错的“条块结构”。[1] 就地方法院而言,它们深嵌在“条条”与“块块”的组织网络与结构关系之中,既面临条条方面的问题,即作为下级法院如何接受上级法院的监督和指导,也面临块块方面的问题,即如何接受地方党委的领导,处理同地方党政系统的关系。因此,地方法院执行政策受到来自条条和块块两个维度的塑造。[2] 从“条条”关系看,上级法院往往通过开展司法专项行动、司法工作考核等方式来指导并推进下级法院的工作。与此同时,地方党政机关会基于地方发展或者治理的要求,为地方法院安排司法职能以外的任务,或要求地方法院将司法职能不恰当地用于某些地方发展事务。[3] 地方党政机关还会将地方法院的日常工作纳入其总体目标之中,并将地方法院作为地方党政机关的一个部门来予以考核。

最高人民法院一贯明确反对司法的地方保护主义,强调建立公正统一的司法保护环境,但同时主张地方法院在区域治理中发挥作用。[4] 司法实践中,地方法院受各种因素的影响,本能地想维护所处的地方性利益,往往存在法律适用上的不统一,这不仅导致“地方保护主义”现象的形成,也造成“同案不同判”的局面,造成司法地方化现象的长期存在,不利于国家司法形象的统一塑造,也损

---

〔1〕 参见何博、夏立安:《地方法院“造法”的逻辑——以温州等地宅基地流转试验为切入点》,载《政治与法律》2012 年第 2 期。

〔2〕 参见陈柏峰:《党政体制如何塑造基层执法》,载《法学研究》2017 年第 4 期。

〔3〕 参见顾培东:《当代中国司法生态及其改善》,载《法学研究》2016 年第 2 期。

〔4〕 参见高翔:《中国地方法院竞争的实践与逻辑》,载《法制与社会发展》2015 年第 1 期。

害了地方法院的司法公信力。有学者指出,司法实践中,有些地方法院及其法官有时未能正确把握“服务大局”与“地方保护主义”之间的界限,未考虑地方治理要求与个案处理合法性的平衡。[1] 这些问题突出表现为未能正确处理好依法司法与依政策司法的关系,亦未能正确处理最高人民法院司法政策与地方党委政策的关系。当地方政策与国家法律有冲突时,直接适用地方政策,损害国家法制的统一。地方保护主义成为地方法院依法独立公正行使审判权的顽固障碍。[2] 当事人对地方法院不信任,认为地方法院司法裁判“地方保护多”“受到的干预多”“不公正的情况多”。

长期以来,司法地方化是全国法院一直努力解决但始终未能很好解决的突出问题。习近平总书记在对党的十八届四中全会关于探索设立跨行政区划人民法院所作的说明中,明确指出了司法地方化的社会危害。习近平总书记指出:“随着社会主义市场经济深入发展和行政诉讼出现,跨行政区划乃至跨境案件越来越多,涉案金额越来越大,导致法院所在地有关部门和领导越来越关注案件处理,甚至利用职权和关系插手案件处理,造成相关诉讼出现‘主客场’现象,不利于平等保护外地当事人合法权益、保障法院独立审判、监督政府依法行政、维护法律公正实施。”[3]

(二)运动式执行

运动式执行方式也称“运动式治理”,主要是针对具有高度紧

---

〔1〕 参见顾培东:《人民法院改革取向的审视与思考》,载《法学研究》2020 年第 1 期。

〔2〕 参见王建学:《地方各级人民法院宪法地位的规范分析》,载《法学研究》2015 年第 4 期。

〔3〕 参见习近平:《关于〈中共中央关于全面推进依法治国若干重大问题的决定〉的说明》,载习近平:《论坚持全面依法治国》,中央文献出版社 2020 年版,第 100 页。

迫性的任务，在短期内集中社会资源，采用制造舆论声势、全面动员的形式，以政治动员过程代替科层制常规过程的政策执行方式，一般表述为“集中整治”“专项斗争”“专项整治行动”“会战”等。运动式执行过程呈现为“当某一事件出现，引起上级领导高度重视，立即成立专项治理领导小组召开动员大会，制定实施方案予以贯彻落实”[1]。如前所述，人民法院面临着来自上级法院和同级地方党委、政府的双重压力。在常规执行机制中，人民法院的居中裁判特征和上下级的监督关系导致了“全国一盘棋”执行模式面临制度难题。而运动式治理下的执行模式强调顶层设计与层层落实相结合，组织权力呈金字塔形分布，核心决策者位于组织权力金字塔顶端，通过不断实施动员来推动目标的实施与执行，形成了一种“压力型体制”。所谓压力型体制，是指各级机关是在以自上而下的政治行政命令为核心的压力驱动下运行的，并为完成上级下达的各项指标而采取的数量化任务分解的管理方式和物质化的评价体系。[2] 最高人民法院制定相应的任务，上级法院将任务目标下达给下级法院，并利用监督考评机制和绩效问责机制产生的体制性压力来确保任务落到实处。下级法院为了保证完成任务就会先将目标分解制定具体的落实方案，然后通过一系列绩效考评制度将其落实到具体的法官。这样的运动式执行模式可以通过集中有限的资源、调动人们的积极性、摆脱常规程序的约束来集中解决社会中的重点问题。运动式执行模式的特点就是超越制度和程序的约束，随政策的变化而变化，不能形成稳定的预期。简言之，这种执行方式在短期内执行效果显著，但长期效果具有难以预测性，是

---

〔1〕 参见丁轶:《权利保障中的“组织失败”与“路径依赖”——对于“运动式治理”的法律社会学考察》，载《法学评论》2016 年第 2 期。

〔2〕 参见杨雪冬:《压力型体制:一个概念的简明史》，载《社会科学》2012 年第 11 期。

一种“短平快”的执行方式。[1]

地方法院运动式执行方式,以“大调解”运动最为典型。不可否认,民事调解政策在化解纠纷、调和社会矛盾、维护社会和谐稳定方面具有重要意义,但由于地方法院运动式执行调解政策,调解政策未能发挥其预期功能。2002 年至 2012 年期间,在“调解优先”政策的导向下,调解结案率成为评价法官工作能力和法院工作绩效的重要指标之一。各地法院竞相开展“调解率大比拼”活动,民事调解活动呈现出非常规化、非制度化、非专业化的特点。例如,有的法院开展“零判决”竞赛,甚至还出现了“零判决”法庭[2];有的法院培训“调解能手”,建设“调解年”[3]。在这种激励机制下,法官审理案件大多主动选择调解方式处理案件。即便有的案件并不适宜运用调解方式结案,法官出于绩效考虑三番五次庭前调解协商,以达到调解结案的目的,引发当事人不满。不可否认,调解政策的运动式执行确实在短期内提高了调解率,但从长远看,调解政策的运动式执行方式并未使矛盾纠纷得到实质性化解,甚至还会严重损害司法公信力。调解政策的本意是尊重当事人意愿解决纠纷,但由于地方法院运动式执行迫使当事人接受调解协议,当事人在法官的强迫下即便勉强接受了调解协议,但他内心的不满情绪有可能会进一步转化为更大的矛盾或者经过长期压抑后再次爆发,不利于社会的稳定和谐,这样的结果违背了调解政策的初衷。有些地方法院把“调解”变为“和稀泥”,不分是与非、对与错,盲目

---

〔1〕 参见周雪光:《运动型治理机制:中国国家治理的制度逻辑再思考》,载《开放时代》2012 年第 9 期。

〔2〕 参见程群、张莺:《广西出现“零判决”和“零上诉”法庭》,《海南日报》2010 年 1 月 17 日,A3 版。

〔3〕 参见张之库、严怡娜:《瞄准“一提高三下降”积极参与社会矛盾化解——辽宁法院开展“调解年”活动》,载《人民法院报》2012 年 2 月 4 日,第 1 版。

追求“调解结案率”,背离了最基本的司法公正。从长远看,调解政策的运动式执行不仅没有节约司法成本,反而浪费了有限的司法资源,不仅削弱了调解柔性纠纷解决机制的优势,而且也损害了司法公信力和司法权威,进一步加剧了公众对司法机关的质疑。

(三)放大式执行

来自司法实践的经验表明,无论是地方法院还是法官,他们对于政策的理解与适用可能会出现一定的偏差。司法政策的放大式执行是指地方法院对司法政策的具体内容存在误解,将司法政策的内容进行超越自由裁量范畴的扩大执行。究其原因,这种放大式执行并非依据司法政策本身,而是执行者对政策的片面理解或过于主观的解读,即地方法院在执行司法政策时根据自己的理解和需要,附加上一些原政策目标中所没有的内容。以新冠肺炎疫情防控时期“严惩涉疫情犯罪”政策为例。新冠肺炎疫情防控时期由于维护社会稳定大局的需要,最高人民法院、最高人民检察院、公安部、司法部发布了《关于依法惩治妨害新型冠状病毒感染肺炎疫情防控违法犯罪的意见》。该意见提出“依法及时、从严惩治妨害疫情防控的各类违法犯罪,为坚决打赢疫情防控阻击战提供有力法治保障”。从此,全国各地法院纷纷开展了“严惩涉疫情犯罪”的活动。如河北省高级人民法院要求全省法院依法从重从快审理利用疫情危害公共安全和市场秩序的犯罪行为,形成强大震慑力,服务和保障新冠肺炎疫情防控大局。浙江省高级人民法院要求全省法院依法从严从快惩处危害疫情防控、利用疫情破坏市场秩序、危害社会大局稳定的各类犯罪行为。新冠肺炎疫情防控时期“严惩涉疫情犯罪”政策,对于保障人民群众生命安全和身体健康,保障社会安定有序具有积极作用,但有些地方法院在贯彻落实过程中,却出现了“放大式”执行。例如,在新冠肺炎疫情防控期间,很多未经确诊而瞒报疫情信息的当事人被以“以危险方法危害公共安全罪”判处刑罚。新冠肺炎疫情防控时期，国家要求公民报备疫情信息具有正当性，行为人瞒报疫情信息的行为违法，但是法院对该行为以“以危险方法危害公共安全罪”定罪处罚则不具有妥当性。[1] 根据《刑法》的相关规定，从犯罪构成看，以危险方法危害公共安全罪是典型的故意犯罪，对行为人定罪需要以其对造成不特定的多数人患病或制造患病的严重风险怀有主观故意为前提。即便行为人客观上实施了符合构成要件的行为，但若其缺乏该罪的主观故意，也不能对其定罪。对于未经确诊而瞒报疫情信息者，很多情况都是行为人对其瞒报行为的危害性认识不足，缺乏以危险方法危害公共安全的主观犯意。[2] 尤其是对于一些尚未产生明显症状且尚未确诊，为躲避隔离而乘坐交通工具瞒报疫情信息者，在其采取了防护措施的情况下，不宜将其一律认定为故意。很多被告人不存在主观上传播新冠肺炎病毒危害社会公共安全的故意，缺乏主观层面的可归责性，然而有些地方法院却对其判处了刑罚。对于一些主观恶性不大、社会反响不强烈的行政违法行为，应当采用行政手段进行治理，而不应将其纳入刑罚范围。最高人民法院提出了“严惩涉疫情犯罪”司法政策，其目的是“从严惩治妨害疫情防控的各类违法犯罪”，但是，“严惩涉疫情犯罪”政策并不意味着对任何抗拒疫情防控措施或拒不服从隔离治疗措施等行为一刀切地适用刑法。各地方法院对于涉疫情犯罪一刀切地适用刑法，属于对“严惩涉疫情犯罪”政策的放大式执行。这种放大式执行方式，曲解了政策的本意，偏离了政策的目标，造成了严重的负

---

〔1〕 参见刘艳红：《治理能力现代化语境下疫情防控中的刑法适用研究》，载《比较法研究》2020 年第 2 期。

〔2〕 参见刘艳红：《治理能力现代化语境下疫情防控中的刑法适用研究》，载《比较法研究》2020 年第 2 期。

面影响。

(四)选择式执行

受到司法系统松散的监督指导关系的影响,地方法院及法官在执行上级法院的相关政策时,可能伴随着一定的“变通”行为,从而增加了司法政策被“选择式执行”的风险。选择式执行,主要表现为明里重视、暗里忽视的“表面执行”,只求到点不求到底的“象征性执行”等。以最高人民法院推动裁判文书上网的司法政策为例:为了贯彻党中央关于深化司法公开的各项部署,大力推进阳光司法,最高人民法院于2010年发布了《关于人民法院在互联网公布裁判文书的规定》(以下简称《文书上网规定》)。按照《文书上网规定》,除特殊情形外,人民法院作出的生效裁判文书均应在中国裁判文书网上公布。裁判文书上网公开是最高人民法院积极回应人民群众对司法公开的期待,主动接受社会监督的重要举措。裁判文书上网公开不仅满足了人民群众对司法文书的知情权、表达权、监督权和评判权,同时还也提升了裁判文书的质量和法官办案质量,增强了司法透明度。

然而,最高人民法院与地方法院的法官之间存在组织立场不同,一边是最高人民法院力推司法公开以提高司法公信力,一边是地方法院法官工作量增加及担心文书上网后引起公众质疑精神压力的加剧,[1]两者的矛盾导致“裁判文书上网”司法政策被法官选择性执行。无论是对地方法院而言,还是对法官而言,裁判文书公开都意味着其司法行为将变得更加透明与可视,将接受公众的监

---

〔1〕 参见张继明、李娜、徐芃:《关于司法公开中国模式的调查报告——以裁判文书上网得失为视角》,载《山东法官培训学院学报》2019年第6期。

督与检阅，法官长期形成的“舒适习惯”将会被打破。[1] 司法实践中，中国裁判文书网公布的数据与实际结案数量相差较大，数据缺失问题相当严重。[2] 地方法院法官为何会排斥裁判文书上网，究其原因：一方面，从法官工作量来看，随着法院受案数逐年增加，全国各级法院法官尤其是基层人民法院的法官面临巨大的审判压力，裁判文书上网无形中给已经处于满负荷工作状态的法官增加了很多额外的工作量。另一方面，裁判文书是明确当事人法律权利义务的重要凭证，具有高度的严肃性和权威性，亦是法官司法能力与司法水平的集中体现，若裁判文书出现错误，将会反映出法官工作作风不严谨、工作态度不踏实等问题。裁判文书上网公开，意味着法官的工作要接受社会公众的检阅，无论是裁判文书的语言表述、裁判依据、说理依据还是判决结果，都要被公众审视。法官担心无法保证裁判统一引起公众误解，担心因裁判文书有瑕疵发生当事人上访闹访事件，[3] 担心一旦裁判文书出现任何错误，会引起社会公众的负面评价，进而影响其年终考评。这些都给法官带来不小的压力。最高人民法院与地方法院的法官之间存在组织立场不同导致“裁判文书上网”这一司法政策被法官选择性执行。

二、执行政策偏差原因分析

政策执行取决于政策明确性与冲突性。[4] 针对法院执行党的政策这一问题，所谓政策明确性是指最高人民法院转化政策的明

---

〔1〕 参见［美］安东尼·唐斯：《官僚制内幕（中文修订版）》，郭小聪等译，中国人民大学出版社2017年版，第111页。

〔2〕 参见左卫民：《迈向大数据法律研究》，载《法学研究》2018年第4期。

〔3〕 参见张继明、李娜、徐芃：《关于司法公开中国模式的调查报告——以裁判文书上网得失为视角》，载《山东法官培训学院学报》2019年第6期。

〔4〕 参见万江：《政策失灵：基于执行的视角》，载《法学杂志》2011年第13期。

晰程度。[1] 政策冲突性是指最高人民法院与地方法院利益的契合度。[2] 地方法院会根据政策明确性以及冲突性等因素来决定是否执行并选择执行的方式和力度。政策明确性越低,地方法院变通政策的空间越大。若政策冲突性大,地方法院执行司法政策就需耗费更多的执行成本,从而导致其消极执行。总体来看,上下级法院之间组织立场不一致,信息沟通不畅,下级法院对上级法院的政策内容缺乏深刻理解,监督机制不到位等因素,均会导致地方法院执行政策偏差,具体来说:

(一)组织立场不一致

各级法院有各自的组织目标,因而在很多时候都要围绕自身的组织目标执行政策。作为政策制定主体的最高人民法院与作为政策执行主体的地方法院之间由于组织立场不同存在目标上的差异。政策的执行过程就是各个政策执行者之间基于各自组织立场及各自利益所进行的一种利益博弈活动。下级法院受到司法政策执行偏好的影响,会评估执行相关政策的利弊,进而确定其行动逻辑。由于上下级法院职能定位不同,导致上下级法院组织目标的差异,进而致使上下级法院在政策执行过程中采取不同的决策和行动。例如,随着司法信息化建设成为国家信息化发展总体战略的重要组成部分,法院系统出现了一股智慧法院建设热潮。智慧法院建设主要采用一种"自上而下"的推进机制,这种推进机制更多强调上级法院的主导和统筹,强调地方法院服从于最高人民法院的"统一领导、统一规划"。在推进智慧法院建设的过程中,中央

---

〔1〕 参见[美]阿维纳什·K. 迪克西特:《经济政策的制定:交易成本政治学的视角》,刘元春译,中国人民大学出版社 2004 年版。

〔2〕 参见周国雄:《博弈:公共政策执行力与利益主体》,华东师范大学出版社 2008 年版。

与地方呈现出不同的目标指向性。中央推进智慧法院建设的目标往往具有较强的整体性、宏观性和指导性,强调运用信息技术来对司法理念、司法过程、司法行为、司法管理等各方面进行重塑。而地方法院尤其是中级人民法院、基层人民法院,因其承担了绝大多数的审判任务,在推进智慧法院建设时更强调运用信息技术来提升实际办案水平,有效缓解法官的办案压力,解决案多人少的矛盾。[1] 不同层级法院的职能定位以及案件负担差异,造成了各级在法院智慧法院建设过程中不同的信息化诉求。对于最高人民法院、省级法院而言,其信息化建设重点是各类司法管理软件及数据库。但对中级人民法院、基层人民法院而言,在信息化建设方面更加倾向于审判辅助功能,更加追求实用性。上下级法院在信息化建设目标上存在差异性。地方法院在信息化建设方面的特殊性有可能得不到充分关照,加剧了智慧法院建设的阻力。下级法院权衡政策执行的成本和收益,进而确定部分执行、选择执行乃至变通执行等。

(二)信息沟通不顺畅

信息是政策制定者与政策执行者沟通联系的重要纽带。在政策执行的整体系统中,正是源源不断的信息输入与输出推动着政策的过程向前发展。政策执行的有效性很大程度上取决于政策主体是否能够准确地分析来自环境的信息以及是否具有能够有效地传送与反馈来自环境信息的能力。[2] 需要注意的是,政策沟通并非简单的自上而下或者自下而上的信息传递,其更强调政策主体

---

〔1〕 郑智航:《"技术——组织"互动论视角下的中国智慧司法》,载《中国法学》2023 年第 3 期。

〔2〕 参见李燕、母睿、朱春奎:《政策沟通如何促进政策理解? 基于政策周期全过程视角的探索性研究》,载《探索》2019 年第 3 期。

间的积极互动以促进政策阶段之间的无缝衔接与有序推进，推进政策执行的周期性无间断运行。信息沟通是否顺畅决定了政策实施的效率与效果。一方面，最高人民法院掌握充分、有效的信息，是其作出正确司法政策的前提条件之一。从司法政策的制定程序看，作为司法政策主要执行者的地方法院并没有太多机会或途径参与最高人民法院制定司法政策的过程中来。受制于信息不充分的影响，最高人民法院可能无法完全把握不同地方法院的具体情况，从而很难进行全面的利弊权衡。这决定了在没有来自地方法院信息支持的情况下，最高人民法院的相关决策可能并非最优。另一方面，地方法院准确理解最高人民法院司法政策精神，是构成司法政策得以有效执行的基础。地方各级法院全面、准确、及时获取相关信息将有助于减少政策执行的不确定因素，提升政策实施的效果。

从司法政策的执行流程看，最高人民法院制定司法政策后，多是通过各种会议层层传达、层层转发文件形式，将政策内容传递至下级。在传统的沟通机制中，高级人民法院在政策上传下达的渠道中发挥着承上启下的作用，充当了最高人民法院“政策传递助手”的角色。最高人民法院每年组织召开全国高级法院院长会议，这一会议起着在最高人民法院与地方法院之间传导信息与沟通交流的作用。在全国高级法院院长会议上最高人民法院有意识地向下传递政策目标与工作重点等各类信息，以便各高级人民法院理解其意图与政策目标。其后，各高级人民法院将最高人民法院的司法政策转化为法院系统重要会议精神、领导讲话等形式在法院内传达执行，使政策信息“上情下达”，确保中级人民法院、基层人民法院正确领会政策精神，以推动政策的有效执行。我国从中央政府到地方政府形成了“委托——代理”关系链，“委托——代理”

关系导致了政策执行信息不对称问题。[1] 同样地,最高人民法院与地方法院也形成了"委托——代理"关系。从最高人民法院到各基层人民法院"委托——代理"关系链过长。在中级、基层法院很难直接与最高人民法院就相关政策的理解与执行进行沟通,信息沟通不畅影响了最高人民法院司法政策的传达与执行。

第三节　法官运用政策中的现实问题与分析

司法裁判是"在查明案件事实的基础上寻找合适的法律规范,并在法律规范和案件事实的基础上推理形成裁判结论"[2] 的过程。一方面,法官应当严格依据法律规定作出裁判,法律规范是法官裁判案件的主要法律渊源;另一方面,司法活动不排斥政策在司法裁判中的适度运用。实践中,法官在司法裁判中运用政策、考量政策已经成为一种常态;然而,政策作为一种非正式法律渊源,并不能当然地被运用于司法裁判,法官应当运用政策进行充分说理以证明裁判结果的正当性。政策在司法中的运用,一方面体现了法院对政策予以贯彻落实的政治自觉,另一方面法院也可以借助政策的权威性增强司法裁判的说服力。然而,法院在司法中应当如何运用政策?法官是否可将政策作为裁判依据?如何在司法裁判文书中表达政策?诸如此类的问题在既有规范中均找不到明确答案。由于对政策司法运用的现状缺乏经验总结,对政策司法运用的实践逻辑缺乏深刻理解,对政策司法运用的方法缺乏正确认

---

[1] 参见周国雄:《博弈:公共政策执行力与利益主体》,华东师范大学出版社2008年版,第177页。

[2] 潘自强、邵新:《裁判文书说理:内涵界定与原则遵循》,载《法治研究》2018年第4期。

知，政策的司法运用尚处于相对混乱的状态。目前在司法实践中，法官运用政策呈现出诸多不规范现象：一方面表现为，法官在刑事案件中直接运用党的政策或司法政策作为裁判标准，混淆了政策与法律的界限；另一方面表现为，法官在民事案件中运用政策说理简单化。这种情况不仅妨碍了政策在司法中的实现，也在一定程度上导致了类案不同判的现象，影响了法院的司法公信力。

一、直接将政策作为刑事案件裁判标准

由于对司法政策与法律规范之间的关系缺乏清晰界定，法官在司法裁判中直接将政策作为刑事案件裁判标准，造成司法裁判结果的不确定性，影响司法的公信力。

（一）直接将政策作为刑事案件裁判标准之表现

刑事司法具有打击犯罪、维护国家政权的特殊功能，体现执政党的政治意志。法官为了使刑事案件的裁判结果更能满足政治需要，多倾向于参照刑事司法政策裁判案件。我国曾有将政策作为案件裁判依据的历史传统。新中国成立后至1979年《刑法》实施前，法官审理案件基本上无法可依，不得不根据个别的司法文件甚至直接依据刑事政策惩治犯罪行为。[1] 刑事政策成为当时法官审理刑事案件的主要依据。在刑事法律规范供给不足的情况下，法官将刑事政策作为裁判依据，实属无奈之举。1979年《刑法》颁布后，刑事法律规范日益完善，为刑事司法提供了明确的裁判依据。同时，最高人民法院制定了若干刑事司法解释，为刑事司法规范化提供了有力保障。刑法典与刑事司法解释的完善，促使我国刑事

〔1〕 参见赵秉志、张伟珂：《新中国刑法司法70年：回顾与前瞻》，载《法律适用》2019年第19期。

司法摆脱了直接依据刑事政策定罪量刑的历史窠臼。[1] 然而,在刑事法律规范日益完善的情况下,仍有一些法官未掌握好政策与刑法规范的界限,直接将刑事司法政策作为刑事案件的裁判标准。由于刑事政策与实现特定社会效果的政治目标有关,具有易变性和临时性,如果将其作为直接的个案裁判法律渊源,可能有悖于罪刑法定所期许的安定性价值。

在扫黑除恶专项斗争中,有的法官对刑事案件的审理主要依赖于党中央提出的"严厉打击各类黑恶势力违法犯罪"政策。2018年1月中共中央、国务院发布的《关于开展扫黑除恶专项斗争的通知》要求:政法各机关要进一步明确政策法律界限,既坚持严厉打击各类黑恶势力违法犯罪,又坚持严格依法办案,确保办案质量和办案效率的统一。这旨在提醒法官在审理涉黑涉恶犯罪案件中应当注意严守政策和法律的边界。刑事政策在价值上体现重视后果、追求实效的实用主义导向。而刑事司法遵循罪刑法定原则,两者之间具有一定的张力。在惩治黑恶势力犯罪的过程中,法官应当既充分理解和把握从严打击黑恶势力的政策精神,也要恪守罪刑法定原则。

然而,在司法实践中,仍有法官混淆政策与法律的界限,表现为将"扫黑除恶"政策作为刑事案件的直接裁判标准。如在被告人成某、朱某国犯敲诈勒索罪一案中,法院认为:综合考量其涉案人数多、危害范围广、传播速度快、作案手段隐蔽等特点,依照扫黑除恶专项斗争工作的总体部署要求,充分体现打早打小的政策效果,对本案认定为恶势力犯罪。[2] 又如刘某才寻衅滋事案件中,法院

---

〔1〕 参见赵秉志、张伟珂:《新中国刑法司法70年:回顾与前瞻》,载《法律适用》2019年第19期。

〔2〕 参见沈阳市辽中区人民法院刑事判决书,(2019)辽0115刑初77号。

认为：被告人刘某才、汪某等人虽依法不能被认定为恶势力犯罪，但其所实施的寻衅滋事行为属于涉恶类犯罪，亦应全面贯彻落实中共中央、国务院《关于开展扫黑除恶专项斗争的通知》精神，被告人刘某才的寻衅滋事行为，系因长期吸毒而行为失控，对社会具有严重的危害性，应从重处罚。[1] 再如翟某红、李某强迫交易罪案件中，法院认为：以被告人翟某红、李某为首的较为稳定的犯罪团伙，扰乱经济、社会生活秩序，在交通运输行业内部造成较为恶劣的社会影响，遵照扫黑除恶专项斗争对黑恶势力要打早打小的总体部署和要求，认定该犯罪团伙为恶势力。[2] 上述案件裁判文书中"依照扫黑除恶专项斗争工作的总体部署要求""遵照扫黑除恶专项斗争要求"等均体现了法官将"扫黑除恶"政策作为刑事案件的直接裁判标准。

另外，法官混淆政策与法律的界限还表现为法官在刑事案件中将司法政策作为裁判依据。我国现行刑法中并不存在有关恶势力概念的规定。"恶势力"并非刑法规定的罪名或一种犯罪类型，而是一个政治或政策概念。在有关恶势力案件的裁判中，法官能够直接援引的法源主要是刑法中共同犯罪及犯罪集团的规定，以及恶势力实施的如寻衅滋事等各具体犯罪行为的规定。但这仅是关于"恶势力"的"组织犯罪形态"是否成立一般共同犯罪或犯罪集团，以及是否构成各种具体犯罪的裁判依据，而不是其是否成立恶势力的裁判依据。由于当前刑事立法对"恶势力"的内涵没有明确的规定，故部分法官对于恶势力的认识分歧较大、裁判尺度把握不一，在一定程度上影响了打击效果。基于此，最高人民法院、最高人民检察院、公安部、司法部发布了《关于办理恶势力刑事案件若

---

〔1〕 参见湖北省公安县人民法院刑事判决书，(2019)鄂1022刑初386号。

〔2〕 沈阳市沈河区人民法院刑事判决书，(2019)辽0103刑初527号。

干问题的意见》,力求通过进一步明晰法律、政策的适用,回应司法实践中依法严惩恶势力犯罪的迫切需要。《关于办理恶势力刑事案件若干问题的意见》作为一项司法政策,由党中央的“扫黑除恶”政策转化而来,承载着执行执政党严厉打击各类黑恶势力违法犯罪的重要使命,也体现了执政党严厉打击各类黑恶势力违法犯罪的政治意图。但从性质上看,其只是一项司法政策,而非刑事法律。根据最高人民法院的相关规定,刑事裁判文书可以引用法律、法律解释或者司法解释,除此之外的规范性文件可作为裁判说理的依据。[1] 这一规定意味着司法政策不能在裁判文书中被直接援引。法官裁判案件首先应在正式法律渊源中寻找、发现裁判的法律依据,这是罪刑法定原则的必然要求。即便是在正式法律渊源缺位的情况下,亦不可依据司法政策越位裁判。就国家“扫黑除恶”政策而言,作为一种非正式法律渊源,其发挥作用的方式主要是通过法官对刑法规范的说明、解读,进而影响案件的裁判结果。但这并不意味着当下国家有关扫黑除恶的政策及其相关的司法政策等由此获得了可以独立裁判恶势力案件的“法律渊源”地位。恶势力案件的裁判在形式上须符合刑事法治的最低要求,即必须符合罪刑法定原则的限制性规定。

然而,有的法官却直接在刑事案件裁判文书中将《关于办理恶势力刑事案件若干问题的意见》作为裁判依据。如河北省承德市双桥区人民法院关于被告人杨某印、王某东寻衅滋事、强迫交易、敲诈勒索案件的一审刑事判决书中出现“依据最高人民法院、最高人民检察院、公安部、司法部《关于办理恶势力刑事案件若干问题

[1] 参见最高人民法院《关于裁判文书引用法律、法规等规范性法律文件的规定》(法释〔2009〕14号)。

的意见》,判决……”的表述。[1] 又如,陕西省西安市长安区人民法院李某、苏某、韩某红寻衅滋事罪一审刑事判决书中出现“依照《最高人民法院、最高人民检察院、公安部、司法部〈关于办理黑恶势力犯罪案件若干问题的指导意见〉的通知》第十四条和《最高人民法院、最高人民检察院、公安部、司法部〈关于办理恶势力刑事案件若干问题的意见〉》第四条之规定,判决如下”的表述。[2] 再如,四川省红原县人民法院索某、周某等诈骗罪、赌博罪、寻衅滋事罪一审刑事判决书中也出现“依照最高人民法院、最高人民检察院、公安部、司法部《关于办理恶势力刑事案件若干问题的意见》第七条,判决如下……”的表述。[3] 以上案件中法官审理刑事案件均将《关于办理恶势力刑事案件若干问题的意见》作为裁判依据。刑法明确规定了罪刑法定原则,因此确定犯罪处以刑罚的依据原则上只能是刑事法律,法官不能引用司法政策作为裁判依据。

(二)直接将政策作为刑事案件裁判标准之后果分析

造成法官直接将政策作为裁判标准的原因有两个方面:一方面是由于法官个人的专业技能不佳,混淆政策与法律的界限;另一方面是由于最高人民法院制定司法解释具有滞后性,法律规则供给不足。党中央提出扫黑除恶专项斗争后,最高人民法院未及时将党的政策转化为司法解释,只是将党的政策转化为司法政策指导刑事审判。但司法政策并不能被引用在裁判文书中,这导致法官在审判案件时没有适当的刑法规定或司法解释可以引用。法律规则供给不足,因而产生了法官错误引用司法政策的现象。

---

〔1〕 参见河北省承德市双桥区人民法院刑事判决书,(2019)冀0802刑初242号。
〔2〕 参见陕西省西安市长安区人民法院刑事判决书,(2019)陕0116刑初383号。
〔3〕 参见四川省红原县人民法院刑事判决书,(2019)川3233刑初17号。

法官在司法裁判中考量政策，虽然能够提高司法裁判结果的妥当性，但在“以事实为依据，以法律为准绳”的法治原则下，如果不选择恰当的时机和方式使政策进入裁判，则法官的司法活动可能面临破坏法治的质疑。〔1〕 由于司法政策宏观抽象性的特征，在裁判过程中，其只能作为“向导”而非“先导”或者“主导”，法官不应将其直接作为裁判的依据。在法制不完善的情况下，将刑事政策作为刑事司法裁判的依据尚属法官的“次优选择”，而在刑事法律规范日益完善的情况下，法官仍以政策为裁判的依据，显然偏离国家法治建设的初衷。面对司法裁判中法律与政策的双重标准，实践中难免出现司法裁判偏离法律的现象，从而导致公众行为预期和司法裁判结果之间出现矛盾。〔2〕 如果在刑事司法裁判中，直接将政策作为审理案件的主要依据，将可能导致刑事司法裁判演变为落实政策的工具，从而忽视刑事法律规范本身，最终损害人们对刑事法律规则的信赖以及由此产生的行为预期，进而损害司法的公信力。具体来说，法官直接将政策或司法政策作为刑事案件裁判标准会产生严重的后果，其主要表现在以下两个方面：

一方面，法官将刑事政策作为裁判依据，打破了罪刑法定原则所确立的刑法可预见性。法官依赖刑事政策审理案件，首先引发的问题就是对罪刑法定原则的违背。刑法规范为法官提供了明确的大前提，法官结合小前提并根据三段论的逻辑推理模式得出结论，最终使依据刑法规范作出的判决和社会公众预期的行为后果达成一致，从而维护刑法的安定性和稳定性。政策是为适应社会形势的需要而制定的，变动性较大。随着社会治安形势的变化，刑

---

〔1〕 参见宋亚辉：《经济政策对法院裁判思路的影响研究——以涉外贴牌生产案件为素材》，载《法制与社会发展》2013 年 5 期。

〔2〕 参见王国龙：《保障法律统一适用的方法及其途径》，载《上海政法学院学报（法治论丛）》2018 年 4 期。

事政策也不断发生变化。但如果在刑事裁判中肆意采用司法政策作为裁判依据，那么公众将无法预见适用于具体案件的裁判标准和裁判结果，这明显违背罪刑法定原则所确立的刑事司法裁判结果的可预见性。如果法官作出的刑事裁判结果不是案件事实和刑法规范的逻辑结合，而是司法政策介入之后的结果，则会动摇刑事裁判的稳定性，从而破坏司法的公信力。[1] 法官将刑事政策作为裁判依据，可能会由于刑事政策的易变性而发生错案。新中国成立初期，我国刑事法律规范供给不足，法官处理刑事案件基本上依据刑事政策。很多刑事案件的裁判结果，按当时的政策看是正确的，但当刑事政策发生变化后，按新的刑事政策衡量原来的判决便是错误的了。追溯 20 世纪 80、90 年代的刑事司法实践也可以发现，在贯彻"严打""从重从快"的刑事政策过程中，出现了不少背离刑法规范片面从重的现象。[2] 在新时期的扫黑除恶斗争中，"恶势力"作为一个政治或政策概念，易变性强，对其理解和认识易受政策、舆论导向等的影响。在司法政策主导的司法裁判中，即便对于同一案件事实，司法机关也存在不同的量刑评价标准，显得极为随意。"扫黑除恶"政策容易因案件裁判过程中危害衡量以及实质解释等加入裁判规范的建构中而增加其影响案件裁判结果的权重，故而法官审理恶势力案件产生随意定性、尺度不一的问题也就在所难免。

另一方面，若将刑事政策作为裁判依据，刑事政策可能会恣意侵入刑事司法，甚至取代刑事法律规范，破坏刑事法治。在刑事司法领域，刑事政策伴随刑法甚至以刑法的名义发挥作用无法回避。

---

〔1〕 参见王强军：《论刑事裁判中的结果导向及其控制》，载《法学》2014 年第 12 期。

〔2〕 参见孙国祥：《论司法中刑事政策与刑法的关系》，载《法学论坛》2013 年第 6 期。

然而，刑事政策具有权力扩张的本性。[1] 刑事政策似乎总是认为其对社会的刑事力不够，故其一直不断地扩张刑事责任的范围或持续地加重刑事责任的程度。[2] 刑事政策的主要目的是社会保护，为达到这一目的，刑事政策总是千方百计地扩大刑法的适用范围。然而，任何超越形式法治的刑事政策，虽然可以在短时间内起到一定作用，但会破坏其长远功效。因此，刑事政策需要在法治的框架内发挥作用，只有借助刑法规范，刑事政策才能被良好地贯彻并发挥作用。

二、民事案件中运用政策缺乏充分说理

（一）民事案件中运用政策说理简单之表现

近年来，法官的裁判文书说理成为实务界与理论界共同关注的热门话题。《中共中央关于全面深化改革若干重大问题的决定》、《中共中央关于全面推进依法治国若干重大问题的决定》以及最高人民法院《关于全面深化人民法院改革的意见——人民法院第四个五年改革纲要（2014—2018）》（以下简称《四五改革纲要》）等诸多文件均提及加强裁判文书说理。然而，司法实践中，民事案件中运用政策说理简单，表现为不会说理、不愿说理、不敢说理。最高人民法院将裁判文书的说理区分为“裁判依据”与“说理依据”：裁判依据指的是法律规则或司法解释，说理依据一般指解释、支持规则的依据。裁判文书说理是法官围绕审查判断证据、认定案件事实、法律适用等方面论证裁判结论的合法性和正当性的活

---

〔1〕 参见孙国祥：《论司法中刑事政策与刑法的关系》，载《法学论坛》2013 年第 6 期。

〔2〕 参见劳东燕：《罪刑规范的刑事政策分析——一个规范刑法学意义上的解读》，载《中国法学》2011 年第 1 期。

动。法官通过对裁判文书充分说理提高裁判文书的可接受性，达到案件法律效果和社会效果的统一。[1] 法官对党的政策的执行，主要体现在法官将党的政策以一种技术化的说理方式纳入裁判文书之中，通过对个别案件的裁判，展现个案裁判结果所具有的政策意义。法官在裁判文书中运用政策时，往往是基于一种强制性力量下的被迫选择，将运用政策异化为一种强制性命令或者对政治权力的服从[2]，因而其很少自主地对政策进行充分的阐述与论证。因此我们在裁判文书中经常可以看到“依据有关政策”作出裁判，但其却并不指明“有关政策”具体是指哪些政策。

从目前司法实践中法官运用党的政策作为说理依据的现实景象看，裁判说理简单化的现象比较普遍。在网上检索运用党的政策作为说理依据的裁判文书可以发现裁判文书说理部分内容一般都很简短，并且这种现象在基层人民法院的裁判文书中体现得尤为明显。某些基层人民法院的民事裁判文书，判决理由“本院认为”部分对运用政策的说理不足二三百字。法官在民事案件中运用政策说理简单主要表现在以下三个方面：

第一，民事案件中运用政策说理时提及的政策过于笼统，没有交代政策条文具体内容，仅采用“根据相关国家政策”“根据有关规定”的表述。政策过于笼统或模糊不清，可能会引发当事人怀疑法院裁判文书中所提及的政策的真实性和确定性，从而削弱法官在裁判文书中说理的信服力。从裁判文书可以看出，法院在裁判文书中经常使用“党的农村政策”“党的土地政策”“中央政策”之类

---

〔1〕 参见胡仕浩、刘树德：《新时代裁判文书释法说理的制度构建与规范诠释(上)——〈关于加强和规范裁判文书释法说理的指导意见〉的理解与适用》，载《法律适用(司法案例)》2018 年第 16 期。

〔2〕 参见方乐：《司法参与公共治理的方式、风险与规避——以公共政策司法为例》，载《浙江社会科学》2018 年第 1 期。

的笼统用语，而并未提及究竟是党的哪项农村政策，党的哪项土地政策，以及中央哪项政策。以党的土地政策为例，中国共产党的土地政策经过了一个发展变化的过程，每个时期的土地政策各不相同。所以当法官在司法裁判中运用“土地政策”进行说理时，应当明确说理的对象是哪项具体的土地政策。

第二，法官虽然在审判实践中运用了党的政策作为说理依据，但是说理不充分。有的裁判文书援引政策时不予解释，或不阐明适用的理由，缺乏联结案件事实与适用法律的桥梁。以湖北省恩施市人民法院刘某和与恩施市某村民委员会财产损害赔偿纠纷一审民事判决书为例，该案的基本事实为：原告刘某和所在小组村民共同商议，为解决该组村民出行困难，由村民自发组织，每户人均集资1000 元，修建一条自该组地名吊脚楼连接白果乡的组级公路，所占本组村民土地均不予补偿。刘某和家庭户集资2000 元并经他人转交给组代表手中；施工队分两个班组分别自规划公路两端往中间修建，公路修建至谭某祥家至李某明家中间路段时，因该路段无人出资而施工停止。2018 年，恩施市某精准扶贫工作队为解决该组村民居住、用水、用电安全，筹集资金将前述已停止施工的公路在原规划基础上修建连通，并准备道路硬化施工。因该公路修建占用了原告刘某和承包地，原告刘某和认为应当予以补偿而导致后续施工停止至今。法院认为：刘某和本人参与修建公路集资且知晓所占土地不予补偿，虽然此后该公路由扶贫工作队集资将停工路段修建连通，但仍是在原规划公路基础上完成，并非单独规划修建，系帮助该组村民完成未了之事，亦是为广大群众公益而为之。原告刘某和在明知该条公路修建不予补偿的情况下，主张被告给予其占地补偿，与该组村民的意愿相悖，其行为与诚实信用原则相违背，亦为道德所不齿；其行为导致道路施工停止，有损该村群众的基本利益，亦与当前国家脱贫攻坚大计、乡村振兴战略背道而驰。故判决驳回原告刘某和的诉讼请求。[1] 该案法官在裁判文书说理部分提及“国家脱贫攻坚大计、乡村振兴战略”，仅仅指明原告行为与国家脱贫攻坚大计、乡村振兴战略背道而驰，未对国家脱贫攻坚大计、乡村振兴战略的内容作出阐释，亦未对为何认定原告行为与国家脱贫攻坚大计、乡村振兴战略背道而驰充分说明理由。法官的裁判文书说理不充分，会加重败诉方对于裁判结果的不满情绪，从而引起败诉方对判决结果的公正性的怀疑。

第三，法官在不同的案件中对政策的说理极为相似，一些判决书中的说理缺乏个性，模版化、程式化现象严重。法官在裁判文书说理部分经常表述为“符合党的政策”“与党的政策不符”“有利于弘扬社会主义核心价值观”“不利于弘扬社会主义核心价值观”。社会主义核心价值观是一个开放的宏观概念，分为国家、社会、公民三个维度。法官运用社会主义核心价值观作为裁判说理依据的情形下，需要对社会主义核心价值观价值体系中的具体价值进行具体分析，针对具体规范和具体案件本身进行价值排序，而不应不分轻重缓急地打包适用社会主义核心价值观这个宏观概念。法官应运用社会主义核心价值观充分说明裁判的正当性，详细论证“弘扬社会主义核心价值观”与具体个案之间的关联。然而司法实践中大部分法官不区分社会主义核心价值观的不同维度而进行模板化运用，采用一笔带过的“模板化”方式，增加了裁判的随意性及不规范性风险。以浙江省云和县人民法院吴某贵、徐某如等与肖某福等物权保护纠纷一审民事判决书为例，法官在法院认为部分表述为：“原、被告的房屋买卖行为系双方真实意思表示，亦系双方自愿、协商一致的结果，案涉房屋已交付使用长达 13 年，五原告以买卖协议无效为由，要求被告返还案涉房屋，违背了诚实信用原则，

---

[1] 参见湖北省恩施市人民法院民事判决书，(2019) 鄂 2801 民初 2842 号。

不利于弘扬社会主义核心价值观,这种违反诚信的诉讼行为不应受到司法保护……综上,原告吴某贵等人的诉讼请求缺乏依据,本院不予支持。"[1]该案法官在裁判文书中仅仅是模板化地表述为原告行为不利于弘扬社会主义核心价值观,未对其援引的社会主义核心价值观的含义进行必要的诠释,也未指出不利于弘扬哪些核心价值观。再以浙江省诸暨市人民法院陈某燕、孙某等与诸暨市某股份经济合作社提供劳务者受害责任纠纷一审民事判决书为例,该裁判文书法院认为部分表述为:"被告出于照顾村民目的,雇佣孙某权等人从事与其体力相适应的工作并给予一定的报酬,该行为不具有违法性,应当为社会所鼓励并认可,并不能以孙某权年事已高、长期患病的事实来认定被告雇佣行为有明显过错,进而责令被告承担民事赔偿责任,因此,被告雇佣孙某权从事卫生打扫之行为,与孙某权在执行工作任务期间因自身疾病复发而死亡,两者并不存在法律意义上的因果关系,故被告不应当承担民事侵权责任。原告方以孙某权受雇于被告且在工作期间死亡为由,起诉要求被告承担民事赔偿责任,本院不予支持。鉴于孙某权系为村里集体利益而在执行工作任务期间死亡,被告作为雇主,若能在雇工且村民孙某权死亡后再加以一定的人文关怀,更能彰显被告的善良美德、抚慰家属的心理创伤,有利于弘扬社会主义核心价值观,因此,可由被告给予孙某权家属适当的补偿,其补偿额度,结合原告方主张的损失数额,本院酌定为80000元。"[2]以上例证表明,无论是在物权保护纠纷还是侵权责任纠纷案件中,法官虽然运用了"弘扬社会主义核心价值观"作为裁判说理依据,但均存在对"弘扬社会主义核心价值观"运用模板化的问题。

---

〔1〕 浙江省云和县人民法院民事判决书,(2019)浙1125民初271号。

〔2〕 浙江省诸暨市人民法院民事判决书,(2019)浙0681民初9746号。

(二)民事案件中运用政策说理简单之原因分析

法官在民事案件中运用政策说理简单存在多方面原因,既有客观原因,也有主观原因,既有法官自身原因,也有当事人的原因,概况来说,主要有三个方面:一是法官业务能力及素质亟待提高;二是日益突出的案多人少的矛盾;三是裁判文书尚未进行繁简分流。

首先,法官业务能力、司法技能欠佳是法官在具体案件中运用政策说理简单化的原因之一。裁判文书说理能力并不仅体现法官的语言文字驾驭能力,更体现法官的专业能力和司法技能。不予说理的裁判无须专业素质,只需裁判资格;简单说理的裁判要求具备一定的专业素质;充分说理的裁判要求具备较高的专业水平。[1] 近年来,我国法官的业务素质正在逐步提高,处于不断上升的阶段。然而,裁判结果不公正、说理不充分、行文不规范等问题在裁判文书中仍普遍存在,说明法官的专业素养与新形势下社会公众对提升司法公正公信的要求仍存在很大差距。[2] 法官在裁判中运用政策时,部分法官特别是基层人民法院的法官不能运用政策进行详细、透彻的说理分析。当前,我国部分法官尤其是基层法官还存在法理基础不扎实、法律适用能力不强、审判实践经验不丰富等问题,导致法官裁判文书中既不愿说理,也不会说理,更不敢说理。

其次,法院案多人少的矛盾是法官运用政策说理简单化的客观原因。近年来,随着我国改革开放的深入推进,社会结构不断调整,不同利益主体之间的矛盾日益增多,越来越多的矛盾纠纷进入

---

[1] 参见唐文:《法官判案如何讲理——裁判文书说理研究与应用》,人民法院出版社 2000 年版,第 9 页。

[2] 参见夏克勤:《民事裁判文书说理实证调查——基于 900 篇民事裁判文书的分析》,载《中国应用法学》2018 年第 2 期。

法院,导致法院的收案量逐年增长。尤其是最高人民法院推行立案登记制以来,立案审查制变为立案登记制,一些当事人为了达到个人目的滥用诉权,导致一些不符合起诉条件的案件涌入诉讼程序中,诉讼案件呈爆炸式增长态势。在法官员额制改革背景下,法官人数却大幅下降,随着法院案件受理数量不断增长,加剧了法院案多人少的矛盾。案件立案后,法官必须在审限内结案,而撰写裁判文书是法官审理案件的最后一步流程,处于审判期限末段,法官撰写裁判文书的时间一般都比较紧张。面对法院系统"案多人少"和"审限内结案"的压力,法官在审理案件时,无法花费充足的时间和精力在裁判文书说理写作上。[1] 尤其是面对疑难案件时,法官很难有足够的时间对政策进行充分说理论证。在这样的背景下,法院作为定分止争的国家机关,面对不同的裁判受众尤其是当事人,必然会遭遇裁判的可接受性问题。[2]

最后,除了众所周知的"案多人少"压力等客观因素外,法官不愿、不敢说理主要是出于对责任承担和职业压力的担忧。法官在裁判文书中说理简单化也是法官规避风险的一种选择。相较于法律规范,不同的法官对政策可能存在不同的解读。运用政策的说理方式可能既会面临当事人"挑刺""恶意曲解"的风险,也会遭遇社会大众的质疑。裁判文书是法官宣示裁判的结论和证明裁判结论的载体。[3] 司法实践的经验表明:一方面,有时法官"越是充分

---

〔1〕 参见方乐:《司法说理的市场结构与模式选择——从判决书的写作切入》,载《法学》2020年第3期。

〔2〕 参见金枫梁:《裁判文书援引学说的基本原理与规则建构》,载《法学研究》2020年第1期。

〔3〕 参见历尽国:《司法裁决证立过程中的法律修辞——以"李庄案"判决书为素材》,载《北方法学》2011年第1期。

说理,就越有可能导致诉讼败诉一方进一步的不解、责难和抱怨"[1],进而给纠纷的实质性化解增加难度。另一方面,法官说理越复杂,裁判文书说理部分内容越长,裁判文书越有可能出现疏漏甚至错误,越有可能引发公众对说理部分的议论。此外,裁判文书中的说理部分若有文字笔误,可能会成为当事人上诉甚至不断申诉的理由,也可能成为法官被追究司法责任的依据。如果当事人抓住了法官在裁判文书中说理不当等"把柄",法官就很可能要承担意想不到的责任。[2] 裁判文书说理与司法公信力因而可能陷入某种恶性循环。

运用党的政策和司法政策时缺乏充分的说理,必然损害司法的公信力。在法治社会,裁判文书的正当性包含两个方面的内容:一方面是裁判说理的可证成性,另一方面是裁判结果的公正性。如果当事人缺乏法律专业知识,其思维必然是以结果为导向的,关注的焦点也仅仅是法院是否支持其主张;一旦法官未支持其主张,败诉方必然开始关注裁判文书的说理部分。裁判文书可实现法官心证过程的公开化,消除当事人可能存在的认定司法不公正的心理。在整个过程中,想要使当事人发自内心地认同裁判结果,就需要法官在裁判文书中充分说理,以理服人。[3] 裁判文书说理不充分会影响当事人和公众对司法的认同,损害司法公信力;而政策的宏观性、灵活性和易变性又恰恰使法官无法充分、精确说理,从而致使法官多采用格式化的论证语言来完成论述,造成裁判文书说理简单化、模式化。

---

[1] 刘星:《司法的逻辑:实践中的方法与公正》,中国法制出版社 2015 年版,第 125 页。

[2] 参见钱大军、刘明奎:《论法官的裁判文书风险规避策略》,载《广东社会科学》2019 年第 6 期。

[3] 参见夏克勤:《民事裁判文书说理实证调查——基于 900 篇民事裁判文书的分析》,载《中国应用法学》2018 年第 2 期。

第四章　政策司法化的优化路径

当前政策司法化过程中，由于人民法院未掌握好政治与司法的边界引发了诸多问题，不仅影响司法政治功能的发挥，而且影响党的政策贯彻实施的效果。针对政策司法化存在的问题，应从提升最高人民法院转化政策的能力、健全地方法院执行政策的机制、提高法官运用政策的水平三个方面，提升人民法院执行政策的规范化和法治化。具体来说，在最高人民法院转化政策层面：首先，应当加强和规范司法解释，增强司法解释的合法性与谦抑性；其次，改进司法政策的目标性与功能性，提高最高人民法院回应政策的能力；最后，加强指导性案例的科学性与规范性，使之在通过个案解读法律和统一法律适用标准方面发挥独特作用。在地方法院执行政策层面，应当通过健全利益诉求的融合机制，健全政策执行的沟通机制，健全政策执行的监督和评估机制，矫正地方法院执行政策偏差现象。在法官运用政策层面，首先应当破解法官运用政策的思想误区，并在此基础上规范法官在刑事审判中运用政策的方式，同时增强法官在民事审判中对政策进行充分说理的能力，把党的政策科学有效地运用于司法审判，全面提升法官运用政策的能力。

第一节　提升最高人民法院转化政策的能力

最高人民法院将党的政策转化为司法解释、司法文件、指导性案例，从而实现政策司法化。最高人民法院的特殊地位和功能，决定了其是法院系统中最重要的政策司法化主体。因此，优化人民法院政策司法化的效果，关键在于提升最高人民法院的政策转化能力。针对最高人民法院转化政策中出现的问题，应当从增强司法解释的合法性与谦抑性、改进司法政策的目标性与功能性、加强指导性案例的科学性与规范性三个方面提升最高人民法院的政策转化能力。

一、增强司法解释的合法性与谦抑性

在司法实践中，司法解释已成为最高人民法院政策司法化的主要载体。司法解释是诠释法律精神、弥补法律漏洞的重要形式，对于统一法律适用标准，促进严格、公正司法，保障人民群众合法权益，发挥了重要作用。党的十八届四中全会提出“加强和规范司法解释”。加强和规范司法解释对于严格司法具有重要的保障和推动作用，有利于统一裁判标准和规范法官自由裁量权的行使。加强司法解释工作，就是要紧紧围绕努力让人民群众在每一个司法案件中感受到公平正义的要求，适应建设公正高效权威的社会主义司法制度的需要，加大司法解释工作力度，适时发布高质量的司法解释，统一司法审判尺度，为严格、公正司法提供明确的依据。规范司法解释工作，就是要着力推进司法解释规范化建设，进一步完善司法解释的工作程序，保证司法解释的制定过程公开透明，实现权力机关对司法解释工作的监督，吸纳社会公众的意见和建议，实现通过司法解释凝聚全社会的法治与司法智慧,不断提高司法解释的质量和水平。根据《宪法》《立法法》的有关规定,最高人民法院作出的司法解释是审判工作中具体应用法律的解释,应当主要针对具体的法律条文,并符合立法的目的、原则和原意。最高人民法院应当按照《立法法》的有关规定,增强司法解释的合法性,确保司法解释的谦抑性,提升司法解释的民主化,不断提高司法解释的质量。

(一)增强司法解释的合法性

近年来,刑事司法解释领域中出现了形式解释与实质解释之争。形式解释论基于罪刑法定原则所倡导的形式理性,将本应值得科处刑罚但缺乏刑法规定的行为排斥在犯罪范围之外。[1] 实质解释论主张,必须以保护法益为原则,在遵循罪刑法定原则的前提下,可以作出扩大解释,以实现处罚的妥当性。[2] 形式解释的目的在于使解释结果具有可预测性。实质解释则有可能使法官任意性地扩大法律文义,从而有破坏刑事法治之嫌。[3]

增强司法解释的合法性,应当以尊重法律为首要原则。以尊重法律为首要原则主要包括以下几个方面:其一,尊重法律意味着将法律文本视为一种客观事实的存在。在我国,法院是法律适用机关而不是造法机关,最高人民法院应当意识到,法律文本对司法解释具有约束性,故应当在法律的框架范围内解决在法律应用中出现的问题,忠实表达法律文本的含义。因此,最高人民法院制定刑事司法解释时应当尊重刑法规范的内容。其二,尊重法律意味

---

〔1〕 参见陈兴良:《形式解释论的再宣示》,载《中国法学》2010 年第 4 期。
〔2〕 参见张明楷:《实质解释论的再提倡》,载《中国法学》2010 年第 4 期。
〔3〕 参见姜涛:《刑法解释的刑事政策化》,载《刑事法评论》2012 年第 1 期。

着制定司法解释应当优先选择文义解释方法，在等于刑法文义范围内或小于刑法文义范围内进行解释，不可以超越刑法文本范围进行解释，这也是罪刑法定原则的要求。[1] 文义解释是对法律文字含义的通俗性说明[2]，其所获得的结论有利于实现刑法解释结论的底线功能、多样性功能、可选择性功能，为最终求证刑法解释结论的“唯一性”提供合法性限定的全部选项。[3] 正如有学者所言：“文义解释方法的必要性源于法治理想，其目的在于司法解释结果有可预测性，从而增强法律的稳定性。”[4]最高人民法院应当对法律的条款、概念、术语所具有的普遍的和通用的含义予以准确的阐释说明，以避免“过度诠释”，防止逾越法律规范能够提供的解释空间，从而突破司法解释的界限。[5] 其三，尊重法律意味着制定司法解释应当在准确把握立法原意的前提下对法律应用问题进行解释。司法解释受到立法目的的限制，最高人民法院应当以发现法律的意义脉络为目标，探寻立法本意，不能违反立法者的初衷和本意。

(二)确保司法解释的谦抑性

由于司法的被动性，司法解释是对法律的事后解释。司法解释的性质和任务是解决审判过程中的具体法律适用问题，但实际上，有些司法解释非但不能达到此目的，反而会引发更多的问题。

---

〔1〕 参见徐岱：《刑法解释学基础理论建构》，法律出版社2010年版，第115页。

〔2〕 参见魏治勋：《文义解释在法律解释方法中的优位性及其限度》，载《求是学刊》2014年第4期。

〔3〕 参见魏东：《刑法解释的法理基础：概念、理性、特征与功能》，载《刑法解释》2020年第1期。

〔4〕 陈金钊：《文义解释：法律方法的优位选择》，载《文史哲》2005年第6期。

〔5〕 参见胡玉鸿：《尊重法律：司法解释的首要原则》，载《华东政法大学学报》2010年第1期。

究其原因,是未遵循制定司法解释的谦抑性以致引发意外后果。当前社会正处于急剧变革的社会转型时期,有些复杂的社会问题并不适宜通过司法解释的方式予以回应,如果制定司法解释时未坚持审慎、谦抑和适度的原则,不仅会暴露出司法天然的局限性,甚至有可能引发更多的社会问题。也就是说,除非有法律应用问题出现,否则不应主动解释法律;即使审判中出现了法律应用问题,也应当给这些问题充分显现的时间;只有当争议的问题具有普遍性并且会导致裁判显失公平时,司法解释才成为必要。[1]

此外,确保司法解释的谦抑性,还意味着最高人民法院应当严格遵守司法解释与立法解释的界限,尽可能回避以制定司法解释的方式处理那些本应由法律予以规定和完善的事项。根据《宪法》《立法法》的规定,在以下三种情形下,应当由全国人大常委会行使法律解释权:一是对宪法的有关问题进行解释;二是法律的规定需要进一步明确具体含义;三是法律制定后出现新的情况,需要明确适用法律依据的问题。全国人大常委会在解释法律时,不仅可以按照立法者的初衷对法律条文的含义作出字面文义的阐释说明,而且可以基于立法内在的目的对法律进行扩张解释,还可以根据法律实施后社会情况的变化,创制新的法律。此外,《立法法》也赋予了最高人民法院向全国人大常委会提出法律解释要求的权利。因此,当最高人民法院遇到超出其司法解释权范围的问题时,应向全国人大常委会提出法律解释的要求,这样可以有效避免最高人民法院贸然作出解释可能带来的各种风险。

---

〔1〕 参见孙华璞:《关于完善我国司法解释问题的思考》,载《中国应用法学》2017年第3期。

(三)提升司法解释的民主化

长期以来,我国深受大陆法系形式理性的影响,表征为基于权威和理性主义的立法技艺。[1] 这种立法技艺在制定司法解释方面突出表现为推崇封闭式的专家审议,由专家学者根据法律文本,运用法律解释方法来解释法律。但这种封闭式的专家审议的司法解释无法保证信息收集的完整性,分析的科学性以及编码的精准性。因此其在司法解释实施过程中,引发了诸多问题。司法解释的制定关涉公民人身、财产权利的公平分配,公众参与不可或缺。最高人民法院制定司法解释时提高公众的参与度,推进司法解释的公开化、民主化,对于增强司法解释的合理性尤为重要。2007 年最高人民法院《关于司法解释工作的规定》对于加强司法解释的民主化作出了明确规定,要求最高人民法院就涉及人民群众切身利益或者重大疑难问题的司法解释向社会公开征求意见。

公开征求意见并进行实质性商谈,不但有利于增进司法解释的形式合法性,也能起到补充信息或知识,加强审慎性的作用。[2] 最高人民法院和公众就司法解释的内容平等、真诚地交换意见,这样,司法解释便不再是最高人民法院司法解释起草者意见的垄断,而是各方观点博弈和妥协的结果。[3] 通过实质性商谈不仅可以过滤情绪化的民意,而且可以增强公众对专家意见的认同感。具体而言:首先,实质性商谈有助于过滤情绪化的民意,吸收整合多元的价值观。众所周知,“讨论可以消除有限理性的不良影响,并增

---

〔1〕 参见赵明主编:《法理学》,法律出版社 2012 年版,第 166 - 170 页。

〔2〕 参见彭中礼:《最高人民法院司法解释性质文件的法律地位探究》,载《法律科学(西北政法大学学报)》2018 年第 3 期。

〔3〕 参见王群、杨杰:《司法解释制定科学化:逻辑博弈和一个新的视角——兼论迈向商谈的司法解释制定》,载《河北法学》2020 年第 6 期。

加做出最佳选择的几率”[1]。参与实质性商谈的主体就司法解释的条文进行平等真诚的讨论,不同主体间的价值知识与事实知识进行碰撞,大众价值理性与专家技术理性融合,有助于全面整合多元的价值信息。实质性商谈的过程能够使参与商谈的主体更加有耐心地倾听对方观点并发现自身观点的缺陷,从而过滤情绪化的不稳定民意。其次,实质性商谈还可以增强公众对专家意见的认同感。实践中,信息不对称常常会使公众对专家意见缺乏认同感。在实质性商谈过程中,司法解释起草者和专家可以向公众介绍司法解释条款制定的背景、立场和目的等情况,从而减少因信息不对称引发的公众对于专家意见的误解。最后,实质性商谈可以减少专家意见中的不合理因素。专家意见仅是专家个人的意见,具有有限理性,而在实质性商谈过程中,专家与公众之间进行充分的交流、沟通、探讨,相互间的观点发生碰撞、吸收,使最终的专家意见不再是专家个人意见的专制垄断,而是与公众意见整合融合的产物,进而可以大大提升司法解释的实质合理性。[2]

提高公众参与度,促进实质性商谈,需要以司法解释公开为前提和保障。司法解释制定的相关信息依法公开,是司法解释起草者与公众进行实质性商谈的基础。具体来说:首先,应当及时向公众发布司法解释制定过程中的调研情况报告和其他相关背景材料,保障公众的知情权。[3] 其次,在司法解释制定过程中召开座谈会、听证会和论证会时邀请公众参加,为公众提供一个能够与起草者平等交流、讨论的机会,使双方能够在一起就司法解释的内容进

---

〔1〕[美]詹姆斯·费伦:《作为讨论的协商》,载陈家刚主编:《协商民主》,上海三联书店2004年版,第7页。

〔2〕参见刘伟琦:《污染环境罪司法解释与刑法原理的背离及其矫正》,载《河北法学》2019年第7期。

〔3〕参见王群:《论司法解释制定中的公众参与》,载《江淮论坛》2018年第5期。

行实质性商谈;广泛征求公众意见,使司法解释体现公众的价值理性与专家的技术理性,增加公众对于司法解释的认同感。[1] 最后,拓宽公众参与制定司法解释的渠道。就我国目前的情况而言,要拓展互联网在公民参与中的作用,将其作为完善、畅通公民参与渠道的重要突破口。从公众参与司法解释的成本看,互联网新媒体可以不受时间和空间限制进行信息交换,使公众参与司法解释制定更加便利、低廉和高效。公众的意见可以通过互联网实现汇聚、博弈、确认,并在此过程中完成充分的信息交换,减少因信息不对称引发的决策失灵,从而大大提高司法解释制定的民主性和科学性。[2]

二、改进司法政策的目标性与功能性

司法政策是法院为执行执政党政策而制定的司法文件,是执政党的政治意志在司法场域的转化,遵循着司法的政治逻辑。司法政策往往带有强烈的时效性,体现了当前国家的中心任务。可以说,制定司法政策是最高人民法院为完成国家中心任务而采取的积极主动的政治措施,通过对国家政策的解读及政策司法化从而达到参与国家治理的目的。司法政策的性质与功能取决于司法的功能定位。司法具有政治性与技术性双重属性,其中技术性体现了司法的职业理性,政治性则体现了司法的政治功能。关于司法的功能,司法工具主义论曾在法学界占据主导地位。司法工具主义认为,"司法机关是人民民主专政的重要工具,司法是实现政

〔1〕 参见王群:《论司法解释制定中的公众参与》,载《江淮论坛》2018 年第 5 期。

〔2〕 参见王群、杨杰:《司法解释制定科学化:逻辑博弈和一个新的视角——兼论迈向商谈的司法解释制定》,载《河北法学》2020 年第 6 期。

策的一个重要工具"[1]。基于此种对于司法功能的设定,国家的司法权与司法活动存在的首要价值被限定为维护特定社会的统治秩序,实现特定阶级的意志与利益。改革开放以来,司法经历了为阶级斗争服务的政治司法价值观,为经济建设保驾护航的经济司法价值观,为维护社会稳定服务的社会司法价值观,为法治文明注译导航的衡平司法价值观四个阶段。[2] 有学者认为前三种司法价值观从本质上讲都是司法工具主义的产物,是达成政治效果的一种手段,而衡平司法价值观才是回归司法本身内在法治逻辑和规律的正确理念。[3] 当前中国司法具有"政策实施型司法"的特征,政策通过各种实际的方式客观地影响司法。司法政策的功能重在传递贯彻、转译政策的内容或精神,对法官审理案件具有一定的导向作用。司法政策作为一种政治表态的政治意蕴已远超于法律属性。[4]

政策司法化过程中如果过分强调司法的政治功能而忽视其法律功能会使政策司法化偏离法治轨道,给司法带来不可估量的风险。因此,政策司法化过程中应当改进司法政策的目标性与功能性,在观念和制度上实现从司法工具主义向司法自治的转型,回归定分止争、惩恶扬善的司法本质。这里所说的"司法自治"不是西方话语中的"司法独立",而是指在整个政法体系中法院具有依法独立公正行使审判权的特殊性。具体而言,法院的审判权在职权划分、运行机制、定罪量刑、纠纷解决等方面具有终局性、

[1] 胡夏冰:《司法权:性质与构成的分析》,人民法院出版社2003年版,第168-169页。

[2] 参见江国华:《转型中国的司法价值观》,载《法学研究》2014年第1期。

[3] 参见姚建宗:《法治中国建设的一种实践思路阐释》,载《当代世界与社会主义》2014年第5期。

[4] 参见安晨曦:《规范性司法文件的权威体系与概念分层》,载《甘肃政法学院学报》2020年第2期。

权威性。在这个意义上，最高人民法院制定司法解释和司法文件转化党的政策时，应当秉持既积极又审慎的司法理念。如果过分强调政治意识形态而忽略司法的法律属性，必然会消解司法政策本应具有的符合司法规律和司法技术的特征。最高人民法院应当逐步提高对于党的政策进入司法系统的转化能力，增强司法回应政治的能力。[1] 以能动的方式回应党的政策，将党的政策司法化应当是有限度的，过分能动地回应党的政策会冲击司法的专业性和技术性。在政策司法化过程中应当遵循司法规律，防止司法政策与政治口号混同。党的十八大以来，党中央大力推进司法改革，确保审判权在法治的轨道上独立运行。在此背景下最高人民法院应当对政策司法化的理念和方法作出相应的调整和改变。

另外，从技术上说最高人民法院应当增强回应政策的能力，在政策司法化过程中应当进行符码转化，将党的政治语言转化为法律语言。党的政策属于政治系统，司法属于法律系统，由于党的政策与司法政策处于不同的系统，故两者也遵循着不同的规则和逻辑。政策司法化是将政治目标融入司法程序并借助司法实现的过程。但是，如果最高人民法院一一映射式地回应党的政策，司法的自主性、自治性受到严重侵蚀，从而容易导致司法走向法律工具主义。[2] 所以，应当在政策司法化过程中，严守政治与司法的边界，将党的政治语言转化为法律语言。以党中央提出的创新、协调、绿色、开放、共享的新发展理念为例，最高人民法院将“新发展理念”政策司法化时，应当通过法律符码实现“创新、协调、绿色、开放、共享”政治话语的转换。“创新”“开放”在本质上是为了促进经济社

---

〔1〕 参见侯明明：《中国司法回应社会的方式、策略及其风险与出路》，载《法商研究》2020 年第 1 期。

〔2〕 参见瞿郑龙：《当代中国法治建设的政治逻辑——以证成性与正当性为分析框架》，载《法制与社会发展》2014 年第 6 期。

会发展,与法的效率原则相符合。"绿色""协调"的目的在于维护生态环境,实现发展的平衡,与法的正义价值相符合。"共享"与法的平等价值相一致。基于此,最高人民法院制定政策性司法文件时,可以通过符码的转化将"创新、协调、绿色、开放、共享"等政治话语转化为"效率、正义、平等"等法律话语。[1]

三、加强指导性案例的科学性与规范性

案例指导制度是在全面推进依法治国进程中不断形成和完善的司法制度,是政策司法化的重要形式和有效载体。党的十八届四中全会通过的《中共中央关于全面推进依法治国若干重大问题的决定》明确提出"加强和规范司法解释和案例指导,统一法律适用标准",为最高人民法院政策司法化未来可行的路径指明了方向。根据党的十八届四中全会所作决定的精神,2010 年 11 月 26 日,最高人民法院发布了《关于案例指导工作的规定》,正式确立了中国特色的案例指导制度。最高人民法院通过发布指导性案例,解决法律与政策适用问题,为各级法院法官审理案件提供指导。指导性案例制度能够在统一法律适用、提高审判质量、维护司法公正等方面发挥积极作用。最高人民法院可以通过指导性案例实现政策的导向功能。[2] 在我国的指导性案例制度确立之前,最高人民法院发布的司法解释担负着阐释与执行政策的功能,使政策(包括司法政策)可以借助司法解释这一载体进入司法领域。[3] 指导性案例制度旨在通过在每年数以千万计的司法案例中及时选择具

---

〔1〕 参见周佑勇:《逻辑与进路:新发展理念如何引领法治中国建设》,载《法制与社会发展》2018 年第 3 期。

〔2〕 参见李超:《指导性案例:公共政策的一种表达方式》,载《法律适用》2014 年第 6 期。

〔3〕 参见张红:《论国家政策作为民法法源》,载《中国社会科学》2015 年第 12 期。

有普遍指导意义、高质量的典型案例作为全国法院审判案件的参照,为人民法院审判案件提供辅助性的必要指导。相比于司法解释,指导性案例不受制法律条款,有恰到好处的灵活性,可以化解法律中稳定性和妥当性的冲突,也可平衡司法的能动性与被动性。从司法实践角度而言,最高人民法院的指导性案例体系属于司法决策制度中的一种,最高人民法院对政策价值的判断经常通过案例选择来展现。〔1〕最高人民法院选定的指导性案例,可以体现出法官拥有高度的司法智慧和实践理性,并具有典型的示范效应。此外,指导性案例自下而上的权力运行机制,有利于上下级法院之间的联结与资源互换,从内在形成机理和外在制度配套保障而言,可以避免司法解释与政策性司法文件的非公共性。〔2〕司法解释和指导性案例可以实现优势互补、和谐相处的法治格局。〔3〕

然而,从既有的指导性案例来看,一些案例并不具有普遍性而仅仅具有区域性意义,一些案例简单化地套用政策审理案件。为了充分发挥指导性案例统一法律适用标准、转化党的政策、指导案件审判和宣传社会主义法治的重要作用,必须对指导性案例的选择、审定和发布予以规范。规范案例指导制度,就是要统一指导性案例的编选标准、工作程序、指导范围和发布机制,提高案例指导工作规范化水平,确保案例指导制度健康发展,使之在通过个案解读法律、诠释政策和统一法律适用标准方面发挥独特作用。

---

〔1〕参见李超:《指导性案例:公共政策的一种表达方式》,载《法律适用》2014年第6期。

〔2〕参见廖丽环:《最高人民法院参与公共政策的路径选择》,载《烟台大学学报(哲学社会科版)》2018年第4期。

〔3〕参见姜远亮:《指导性案例与司法解释的关系定位及互动路径——以刑事审判为视角》,载《法律适用》2019年第8期。

第二节 健全地方法院执行政策的机制

在整个法院系统中，作为党的政策贯彻落实的重要环节，地方法院执行司法政策是实现党的政策目标的主要路径。最高人民法院将党的政策转化为司法政策后，地方各级人民法院作为司法政策的执行者对司法政策的执行效果决定了司法政策目标以及党的政策目标的实现。在司法实践中，文本形态的政策转化为现实形态的政策目标的过程并不是一个直线的过程。政策的制定者与政策的执行者之间存在着一定的层级距离，政策在层层传递的过程中可能出现政策目标偏差、政策信息传递差错等现象，不利于政策的最终落实。就司法政策的执行过程来说，最高人民法院制定司法政策后，地方法院在执行政策的过程中可能会根据地方利益对政策采取强化或钝化处理，在政策执行过程中出现与政策内容不符、偏离政策目标、违背政策精神的现象，导致政策目标不能高效实现。如何使地方法院更高效地执行最高人民法院制定的司法政策，成为亟待解决的问题。为了矫正地方法院执行政策过程中出现的偏差，应当从以下几个方面努力：健全利益诉求的融合机制，使司法政策体现最高人民法院与地方法院利益的高度协调；健全政策执行的信息沟通机制，及时发现司法政策落实中存在的问题，提高政策的执行效果；健全司法政策执行的评估与监督机制，确保司法政策的有效贯彻落实。

一、健全利益诉求的融合机制

司法政策文件的制定和实施的过程，从实质上说是司法场域中一种独特的利益表达机制。政策的执行者在司法政策文件中输入社会各界的司法利益诉求，再以司法政策的文件形式输出，可以说司法政策是司法政策制定者进行利益表达的一种体现。

当前司法政策的执行采用一种“自上而下”的推进机制，这种推进机制更多强调上级法院的主导，强调地方法院服从和服务于最高人民法院的统一领导。在司法政策落实过程中，司法政策目标的实现要经过省高级人民法院、市中级人民法院、基层人民法院三个场域。然而，各级地方法院也并非消极被动地执行政策，他们也会运用政策的空间来弹性操作政策。若将政策的执行过程假设为经济理性人对自身利益最大化自我实现的过程，不同的利益主体有不同的价值取向。政策的执行过程具有动态性与层级性，政策目标在中央和地方呈现不同的特征。中央政策目标具有整体性，而地方政策执行者则关注地方利益，会根据自身的偏好以及地方特点确立更为具有本地特色的目标。作为政策制定主体的最高人民法院与作为政策执行主体的地方法院之间由于组织立场不同，可能无法充分关照不同地方法院的特殊利益诉求。如果地方法院利益诉求表达机制不畅通，最高人民法院就无法对地方法院的合理利益诉求作出及时、恰当的反馈，其制定的司法政策便可能出现与地方法院利益不相符的情况，进而影响地方法院的政策执行效果。这样会加剧司法政策执行的阻力，导致地方法院在执行司法政策过程中产生一定程度的偏差。下级法院在执行政策过程中会权衡政策执行的成本和收益，进而确定部分执行、选择执行乃至变通执行等。

在司法政策执行过程中，健全最高人民法院与地方法院之间的利益协调与融合机制，对于法院系统自上而下的政策执行，以及达成政策目标具有重要作用。只有最高人民法院与地方法院的利益高度协调时，地方法院贯彻落实司法政策的现实阻力才能减少至较低限度，才会更积极地贯彻落实司法政策。因此，应当建立健全并正确运用保障机制来调整各方的利益追求与政策偏好,确保政策执行主体的利益一致性,并以权、责、利相统一的形式,间接规范政策执行主体的行为,才能充分调动执行主体执行政策的积极性、主动性。[1] 因此,首先应当扩展最高人民法院与地方法院的沟通渠道,引导各地方法院合理表达自身的利益诉求,将地方法院的表达权纳入合理化、规范化和制度化的有序轨道,实现法院系统内利益诉求表达渠道的畅通。在条件允许的情况下,还应就重大、关键的司法政策问题广泛征求各地意见,深入展开讨论,使不同的利益诉求充分碰撞,从而在反复的政策实践中不断健全和完善地方法院的利益表达机制。其次,司法政策制定者最高人民法院充分了解不同地区地方法院的合理利益诉求,认真解读诉求背后产生的原因和包含的因素,正确识别地方法院利益表达背后的法理价值和政策意义,对司法政策可能涉及的利益进行系统梳理及比对,摸清各地方法院关注的利益焦点,并在制定司法政策时加以全面考量。最后,尽可能寻求利益最大公约数,将司法政策可能涉及的利益受益方以及利益受损方均纳入利益衡量范围,依据司法政策的价值导向对多元利益进行取舍,尽最大可能保证利益无偏私,尽可能减少利益误判,提升司法政策的可接受性。总而言之,在司法政策制定环节拓宽地方法院的利益的表达渠道,将地方法院与最高人民法院之间的“磋商”博弈行为充分前移,通过科学化、民主化、法治化的决策程序,扩大利益共同点,协调利益矛盾,辅以内嵌“利益阻断”和“利益促进”激励机制的政策设计方法,提高司法政策的执行效能。

[1] 方乐:《司法参与公共治理的方式、风险与规避——以公共政策司法为例》,载《浙江社会科学》2018年第1期。

二、健全政策执行的信息沟通机制

政策执行的有效性很大程度上取决于政策主体是否能够准确地分析来自环境的信息以及是否具有能够有效地传送与反馈来自环境信息的能力。[1] 需要注意的是，政策沟通并非简单地自上而下或者自下而上的信息传递，其更强调政策主体间的积极互动以促进政策阶段之间的无缝衔接与有序推进，推进政策执行的周期性无间断运行。沟通可以在有效提高目标群体的政策技能和专业知识的同时，及时使其掌握政策执行进度的动态信息，同时，有助于政策制定者与政策执行者建立良好的互动关系，增强彼此的相互理解与相互信任，降低政策执行的成本。在政策执行过程中，有效的政策沟通对于促进目标群体的政策理解具有重要意义。在政策执行的整体系统中，正是源源不断的信息输入与输出推动着政策的过程向前发展。充分理解政策是政策得到顺利执行的前提，政策执行者与政策目标群体等其他利益相关者只有在充分准确地理解政策的基础上，才能清楚地知道为了达成预期政策目标所需要完成的任务。政策执行主体未充分理解政策的目标、原则与精神，就容易在政策实施过程中浪费政策资源，达不到政策预期效果。

在信息论视角下，信息的发散和汇集过程必然出现在政策的执行过程中。良好的信息沟通机制有助于政策执行者更清晰地把握政策目标与政策精神，更清晰地了解需求与资源。最高人民法院向下级法院发布司法政策的过程，其实质为政策信息的释放和传递过程。地方法院对政策良好的贯彻执行，必须以良性的信息

---

〔1〕 参见李燕、毋睿、朱春奎：《政策沟通如何促进政策理解？基于政策周期全过程视角的探索性研究》，载《探索》2019年第3期。

沟通为基础。反之,如果信息沟通渠道不畅,信息沟通能力不足,政策执行必然会遇到巨大的阻力。因此,扩大地方法院与最高人民法院信息沟通的途径显得非常必要。在政策执行过程中,各级人民法院之间应当建立完善的政策执行信息沟通渠道,保证政策执行信息沟通机制的顺畅,确保政策执行信息传递的真实性和全面性。

一方面,加强上级法院与下级法院的政策信息传递。司法实践中,各层级法院都惯常以会议作为推动工作、布置任务与实施管理的重要手段,尤其是一些重大司法政策的贯彻更是依靠层层会议展开落实。"高级法院充当了最高法院'政策助手'的角色,在政策上传下达的渠道中发挥着承上启下的作用。"[1] 最高人民法院每年都会通过全国高级法院院长会议开展工作部署,并使自己与地方法院之间形成了多层次信息沟通网络。从政策执行的角度而言,在全国高级法院院长会议中,应当让代表地方利益的高级人民法院院长充分参与相关决策,充分发表意见。从某种意义上讲,参与决策并知晓政策的形成过程,可能是准确把握政策意图的最好方式。[2] 因此,最高人民法院应该充分利用全国高级法院院长会议这一平台,将更多事关司法政策的重要问题提交讨论,以形成自上而下的良好互动,最终促进司法政策更好地落地实施。此外,最高人民法院制定司法政策后,应加强对政策内容的宣传和解读,着重对政策如何满足地方法院群体的需求和实现其政策利益给予有效说明,同时预估政策执行可能需要支付的成本,并将其明确告知地方法院,并对围绕政策的各种疑问进行解答与反馈,增进地方法

〔1〕 项坤:《当代司法国情条件下的高级法院功能研究》,载《法律适用》2012 年第 9 期。

〔2〕 参见郭松:《全国高级法院院长会议研究:基本架构、功能承载与长效发展》,载《政法论丛》2022 年第 5 期。

院对司法政策精神的理解,进一步预防与减少政策质疑与观望行为。

另一方面,加强上级法院对下级法院的执行政策情况的信息收集。在过去,受通信条件和信息获取能力的限制,传统信息闭塞条件下不同层级法院之间处于"点状"联结状态,上级法院很难及时准确掌握下级法院的执行司法政策的工作动态。目前,信息化建设已经渗透到法院工作的方方面面,信息化建设促进了法院之间的通联,改变了上下级法院之间的信息沟通方式,打破了信息闭塞条件下不同层级法院之间联通困难的状态。法院之间因为地域和层级导致的沟通障碍逐渐被打破,法院的地域性因信息网络的互联而日益弱化,由此带来上下级法院之间沟通机制的变化。[1]信息化在促进法院系统之间联结的同时,也强化了上级法院向下"汲取"信息的能力。随着法院信息化水平的不断提升,法院系统很多业务系统都具备数据收集功能并与司法统计软件联通,这为上级法院收集司法数据提供了便利。上下级法院之间的信息互联互通促进了法院之间信息流通上的顺畅,有助于上级法院最大限度地掌握下级法院执行司法政策的工作动态,并推动上级法院政策和命令的传达与执行。此外,对地方法院来讲,其作为政策的执行者必须实现与最高人民法院的实时信息沟通,进而减少政策执行中的盲目性,并根据信息反馈情况及时调整政策执行策略,改善司法政策执行效果。

三、健全政策执行的监督与评估机制

在执行过程中的监督制约机制不很到位,很容易导致政策执

〔1〕 参见叶燕杰:《信息化如何塑造中国司法》,载《地方立法研究》2022年第3期。

行者的主观随意性。运用监督和约束机制对政策的良好贯彻落实无疑具有重要作用。最高人民法院作为司法政策的制定者,应当对作为地方法院执行政策情况加强监督。司法实践中,一般是上级法院对下级法院“自上而下”的监督模式。所谓“自上而下”监督,是上级法院将落实政策的成果纳入指标考核体系,通过绩效考核等手段对下级法院实施的内部监督措施。例如,检查召开会议贯彻党委部署情况、党组理论中心组学习情况、党组贯彻落实党委部署情况等。考核成为上级法院对下级法院“自上而下”监督的主要方式。这种“自上而下”的监督模式由于可能会出现信息不对称的情况,故其作用十分有限。因此,在发挥“自上而下”监督作用的同时,应当大力发掘外部监督力量,作为政策执行“自下而上”监督模式的重要补充。探索建立法院以外的第三方评价机制,强化对司法政策的执行情况的社会监督和舆论监督。群众监督范围广,可以弥补法院内部监督的不足,消除监督死角和盲区,及时发现和解决地方法院执行政策的问题。利用信件、电话、短信、网络等形式,拓宽群众反映渠道,及时倾听群众意见和建议。将“自上而下”的监督模式与“自下而上”的监督模式结合,从而实现监督主体的合理扩容,更加有效地监督政策执行的过程。例如,为加强对裁判文书公开工作的督促,可以采取法院自己发布年度报告、法院系统内部考核和第三方评估相结合的方式。参考《政府信息公开条例》设立的政府信息公开工作年度报告制度,规定各级地方法院在每年1月底之前,向上级法院提交本院上一年度司法公开工作年度报告,同时在本院官方网站上公布,接受群众监督。同时,最高法院和高级法院可以适时邀请第三方机构对所辖法院的工作进行评估。

健全评估机制是监督制约的重要补充。通过对地方法院执行情况的定期评估,可以了解到地方法院在执行司法政策过程中存在的问题,从而提出改进措施。从本质上来讲,司法政策的执行过程可以看作一个动态发展的过程,包括政策的制定、信息反馈、政策执行评估、政策完善或重新制定等过程。政策执行评估既能分析法院执行政策过程中存在的现实问题,又能为其后制定新的司法政策提供经验依据。健全政策执行的评估机制具有重要意义,具体而言:首先,有助于最高人民法院了解和掌握地方法院执行司法政策的情况。政策评估过程需要对地方法院执行司法政策的相关信息进行收集,通过恰当的分析方法对地方法院执行司法政策的情况进行综合评价。司法政策的评估过程,不仅为最高人民法院提供了解地方法院政策执行情况的渠道,也为社会公众监督司法运行状况提供了途径。其次,对政策执行进行评估,可以检验人民法院执行司法政策的效果和效率,检验司法政策的执行是否达到了预设目标,产生了哪些预期之外的后果,透过执行表象挖掘产生的实质性效果。最后,对地方法院政策执行情况进行评估,可以总结地方法院执行司法政策的经验教训,为后期司法政策的制定和完善提供可借鉴的参考依据。

健全政策执行的评估机制,以合理的评估方法以及及时的评估反馈机制为基本前提。政策评估包括事实评估和价值评估,前者是对政策执行过程中采用技术的评估,后者是对政策执行的正当性、公正性、价值目标进行的评估。健全政策执行的评估机制,还要求明确评估机制评估的内容。政策执行评估的内容不仅包含政策执行内容上的准确性、有效性等技术层面的内容,还包括政策执行的公正性、合理性等价值层面的内容。在政策评估的实施中,包括阶段性评估和经常性评估两种评估方式,其中以阶段性评估方式为主。政策执行的评估指标包含政策目标是否实现、政策执行能否满足社会需求、政策执行环节是否存在缺陷等。评估标准可分为一般性标准和具体性标准:前者包含公共利益是否实现、社会秩序是否稳定等标准;后者则可以根据司法政策的类型及目标进行具体化处理,如刑事政策的具体标准包含犯罪率、再犯罪率、社会安全感等内容。此外,司法政策是否应当及时调整或者废止,也应当被纳入评估内容。对一些过时的司法政策应当及时废止;对一些与法律相冲突的司法政策,应当及时进行调整;对继续存续的司法政策,应该保持评估和监测,及时收集反馈信息。

第三节 提高法官运用政策的水平

政策在司法中的运用,一方面体现了法院对政策予以贯彻落实的政治自觉,另一方面法院也可以借助政策的权威性增强司法裁判的说服力。然而,由于对政策司法运用的现状缺乏经验总结,对政策司法运用的实践逻辑缺乏深刻理解,对政策司法运用的方法缺乏正确认知,政策的司法运用尚处于相对混乱状态。这种情况不仅妨碍了政策在司法中的实现,也在一定程度上导致了类案不同判的现象,影响了法院的司法公信力。因此,应当规范政策的运用方式,提升政策司法运用的效果,就政策在司法中运用的路径与方法提出理论融贯性与现实可能性的规范性主张,解决法官运用政策的自发性和任意性问题,推进法律和政策的一体实施,提升司法的公信力。针对法官运用政策中出现的诸多不规范现象,应当从破解法官运用政策的思想误区,规范法官在刑事审判中的政策运用,增强法官在民事审判中的政策说理三个方面提高法官运用政策的水平。

一、破解法官运用政策的思想误区

法官树立政策思维,正确理解政策,合理划分政策和法律的界限,在裁判文书中对政策的运用进行必要而充分的说明和论证,是确保法律和政策一体实施的关键。党的政策作为非正式法律渊源,不能作为司法裁判的直接依据,只能通过法官对政策进行说理而发挥补充论证的作用。法官,特别是基层人民法院法官在运用政策方面存在一些思想误区,对政策与法律关系的界限不清,要么就法论法,排斥政策,要么以政策冲击法律,损害法律权威和司法公信力。这些思想误区,集中体现为法条主义与后果主义。法条主义时常被人们当作一种机械的或僵化的法律适用模式。法条主义要求"所有为法律所调整的问题及争议都应尽可能依照预先确立的、具有高度一般性和清晰性的规则来解决"。[1] 法条主义的审判方法是以案件事实和法律规定为出发点,以获得法律的确定性为出发点和落脚点,但绝对的教条主义必然导向机械法学的泥沼。后果主义"考量政策"存在一定的合理性。现有的法律体系为法官留下了自由裁量空间,后果主义"考量政策"在一定程度上能够协助法官应对疑难案件,但是它的适用范围和实践功用并不是放之四海而皆准的,不能被任意地放大化。如果在任何案件中法官均直接考量政策,动辄以政策替代或规避法律,将会导致司法裁判的法律虚无主义。[2] 后果主义还潜藏着一个巨大的风险,就是一旦将法律体系之外的因素引入个案裁判,甚至将之作为法官裁判的正当理由,那么除了法律体系的自治性会受到冲击外,法律自身所蕴含的正义、公平、伦理等传统观念就有被架空的危险。后果主义将法律视为实现某种特定后果的工具,进而为了这些特定后

---

〔1〕 Nei MacCormic, The Ethics of Legalism, Ratio Juris, Vol. 2, No. 2 (Jul., 1989), p. 184. 转引自孙海波:《同案同判与司法的本质——为依法裁判再辩护》,载《中国法律评论》2020 年第 2 期。

〔2〕 参见孙海波:《"后果考量"与"法条主义"的较量——穿行于法律方法的噩梦与美梦之间》,载《法制与社会发展》2015 年第 2 期。

果,置法律体系、传统观念于不顾。后果主义推理模式下对相关后果的考量通常有直接运用和间接运用两种方式,故而政策进入司法也存在两种路径:第一种方式是以间接的方式即借助最高人民法院的司法解释介入司法[1],此时政策既已转化为司法解释便具有了法律属性,在司法裁判中对之加以引用已经不再是一种严格意义上的法外后果之考量。第二种方式是法官直接考量政策,此时法官所适用的裁判标准"根据的首先不是法律、法理和逻辑推理,而是特定条件下的现实需求和政策导向"[2]。

为了避免上述法条主义和后果主义的认识误区,克服其弊端,法官应当在司法实践中树立辩证思维,既要坚持严格司法又不能限于机械司法,既要考虑司法的政治效果又不能背离法治的原则。总体而言,法官应当坚守"依法裁判",维护法律的稳定性、可预测性,同时最大限度地实现法律的目的价值和社会目标。

二、规范法官在刑事审判中的政策运用

法官对刑事政策的考量与运用,反映了国家意志在刑事司法领域的渗透。刑事政策如党中央提出的"扫黑除恶"刑事政策,新冠肺炎疫情防控时期涉疫情犯罪的刑事政策,对贪污腐败犯罪"零容忍"的刑事政策等均呈现出明显的政治性和目的性特征。司法实践中,法官审理刑事案件有时未能准确把握刑事政策与法律的界限,将刑事政策凌驾于法律之上,甚至用刑事政策代替法律,损

---

[1] 参见宋亚辉:《公共政策如何进入裁判过程——以最高人民法院的司法解释为例》,载《法商研究》2009 年第 6 期。

[2] 孔祥俊:《论裁判的逻辑标准与政策标准——以知识产权法律适用问题为例》,载《法律适用》2007 年第 9 期。

伤刑法规范司法适用的明确性,破坏刑事法治。[1] 法官运用政策,传递国家意志具有合理性,但以政策取代法律规范建构裁判依据,违背了“依法裁判”这一基本理念。鉴于此,法官应当树立严格司法的理念,准确把握法律与政策的界限,正确理解刑事政策和刑事法律规范,通过价值判断和利益衡量等方法,在现行法律框架内运用刑事政策,以实现执政党的政治意图。

(一)遵循严格司法理念

司法实践表明,由于法官受到各种压力的影响,以“追求案件政治效果和社会效果”为导向的“个案结果正义”,正在支配着以“合法律性”为导向的“法律形式正义”。法官为了追求案件的政治效果,将一定时期针对特殊的犯罪领域、犯罪主体的刑事政策直接作为裁判的依据,而忽略了刑事司法本应具备的“法律形式正义”。刑事政策是执政党面对复杂的社会形势,针对特殊的犯罪领域、犯罪主体等问题提出的指导法律适用的政策、精神。刑事政策可以弥补刑事法律规范的滞后性,使刑事司法更加适应社会变革。但我们也不得不承认刑事政策与罪刑法定原则有时会产生一定的冲突。所以,法官在审理刑事案件时应当遵循严格司法理念,以事实为依据,以法律为准绳。“严格司法”强调法官通过司法技术和法律方法等审理案件,从而规范法官自由裁量权的行使,提升法官的司法能力和水平。

第一,严格司法既反对“机械司法”,也反对“无法司法”,而是强调“依法司法”的司法理念。司法权从本质上说是一种判断权,其最直接和最根本的目的在于解决纠纷,而法官的职责就是要依

---

〔1〕 参见石聚航:《刑事政策司法化:历史叙事、功能阐释与风险防范》,载《当代法学》2015年第5期。

据现有的法律作出判决。严格司法理念意味着法官应当尊重法律规则的权威性,确保法律的有效实施,在刑事司法审判中严格依据刑事法律规范裁判。司法的权威性无疑直接来自法律的权威性。虽然法官审理案件的过程中不可避免地会受到政策的影响,但严格司法理念要求法官审理案件作出裁判的依据只能是法律,而不能是政策等法律之外的任何因素。在刑事司法领域,"严格司法"意味着法官审理刑事案件时应当明确法律和政策的适用界限,尊重法律的权威性以实现司法的权威性,也意味着法官审理案件必须以事实为依据,以法律为准绳,司法裁判必须建立在现有法律框架之下。

第二,严格司法要求法官准确界定并正确适用正式法律渊源与非正式法律渊源。法律渊源既包括法律、司法解释等正式法律渊源,也包括诸如政策等非正式法律渊源。但政策等非正式法律渊源在司法裁判中的运用,以不与法律规定冲突为前提。法律、司法解释作为刑事案件的正式法律渊源,可以作为案件的裁判依据被法官直接援引,而政策等非正式法律渊源可以作为裁判说理的依据,但无法被法官直接援引。

第三,严格司法理念要求法官通过正确运用司法技术以及利益衡量的方法将政策引入司法裁判。法官对个案纠纷的解决过程,实际上包含了技术性司法和自由裁量两个不同面向。其中,在法律规则的适用层面,法官需要借助司法技术和法律方法实现对个案的判断,用法律规则来涵摄个案事实。在无法直接适用法律规则的情况下,法官需要努力通过司法技术和法律方法来确定案件中的权威性依据和理由。法官只有坚持严格司法,才能防止司法陷入不同社会利益直接支配的旋涡,才能保证法官在法治化的轨道上依法独立行使审判权。

第四,严格司法要求法官审理刑事案件严格遵循罪刑法定原则。作为刑法的基本原则,罪刑法定原则贯穿于刑事司法全过程。法官在刑事案件中运用政策应当以罪刑法定原则为前提,不能为了贯彻落实刑事政策而滥用刑罚,侵夺公民个人的自由与权利。罪刑法定原则决定了只有刑法规范才可以作为裁判的大前提,政策作为一种非正式法律渊源,直接作为裁判的大前提有悖罪刑法定原则的形式理性。法官作出裁判的依据只能是明确的成文刑法,法官不能依据刑事政策或刑事司法政策对行为人予以定罪处罚。法官在裁判时只有充分考量刑法的规定,将犯罪行为与犯罪构成进行比对,并观察案件事实是否符合刑法规定,其作出的裁判文书才能最大程度上符合法治,保证裁判结果的正当性。〔1〕

在全面推进依法治国的新时期,习近平总书记提出“严格司法”。司法权的本质是对案件事实和法律正确适用的判断权与裁决权。严格司法是指司法机关严格按照法定程序办案,不折不扣地把法律实施到位。〔2〕 司法是维护社会公平正义的最后一道防线〔3〕,是定分止争的最后一道防线,也是维护法律尊严和权威的最后一道防线。〔4〕 司法发挥上述“最后一道防线”的作用,严格司法是前提和基础。只有严格依法办案,严格遵循法定程序,在法律规定的范围内依法独立公正行使审判权,才能发挥司法定分止争、维护公平、救济人权、制约公权、促进和平、维护法律权威的作用,从而树立司法公信。严格司法是确保法律实施的重要途径和终局

---

〔1〕 参见张勇、李紫阳:《利益衡量方法在刑事裁判中的合理适用——以“赵春华非法持枪案”为例》,载《法律适用(司法案例)》2018 年第 4 期。

〔2〕 参见周强:《推进严格司法》,载《人民日报》2014 年 11 月 14 日,第 6 版。

〔3〕 参见习近平:《关于〈中共中央关于全面推进依法治国若干重大问题的决定〉的说明》(2014 年 10 月 20 日),载习近平:《论全面坚持依法治国》,中央文献出版社 2020 年版,第 98 页。

〔4〕 张文显:《全面推进依法治国的伟大纲领——对十八届四中全会精神的认知与解读》,载《法制与社会发展》2015 年第 1 期。

环节。人民法院只有努力实现严格依法裁判，才能建构司法公信力，夯实司法权威的社会基础，维护国家法制的统一性。[1]

（二）在刑事案件中运用政策的适当方式

刑法裁判规范是刑事案件裁判的大前提。刑法裁判规范存在法条文本意义上的刑法裁判规范与法条适用意义上的刑法裁判规范两种规范形态。刑事案件裁判规范即法条适用意义上的刑法裁判规范。[2] 这里的“裁判规范”指的是刑法文本规范在具体案件的裁判中如何被适用。众所周知，刑法文本具有抽象性特点，难免会出现法律漏洞。作为逻辑推理大前提的刑法文本无法与个案事实一一对应。法官审理案件时只有对应个案事实，将刑法规定的犯罪构成要件进行具体化处理才能用于个案。“裁判规范”作为中介，在抽象的刑法文本规范与具体的个案事实之间架起了沟通桥梁。在这个过程中，刑法文本转化成了裁判规范。法官通过法律解释的方法，将刑事政策以及司法政策等因素引入司法裁判，使之对裁判结果产生直接或间接的影响。刑事政策在刑事案件中的运用，主要是通过法官在刑事案件裁判过程中的价值判断和逻辑推理，对行为人行为的社会危害程度进行衡量来实现的。只有将刑事政策纳入具体待决案件的事实中去解读，才能确定其“法律意义”。[3]

一方面，法官通过价值判断，使刑事政策契合于具体案件事实，将刑事政策融入司法裁判。法官的价值判断隐含在裁判结论

---

〔1〕 王国龙：《严格司法及其基本原则》，载《法律方法》2018 年第 3 期。

〔2〕 参见张心向：《恶势力案件裁判规范之法理探析》，载《中国法律评论》2019 年第 4 期。

〔3〕 参见张心向：《死刑案件裁判中非刑法规范因素考量》，载《中外法学》2012 年第 5 期。

的论证过程中,通过对裁判大前提、小前提的建构,左右裁判结论的证成。在刑事司法裁判中,法官的价值判断主要体现为对社会危害性的衡量,即通过对行为对刑法保护法益的加害程度及加害性质的衡量与判断,在自由与秩序、公正与效率之间寻求平衡。[1]刑事政策往往代表执政党的政治意志和社会需求,其经常强调某一具体犯罪的社会危害性。为了使刑事司法符合主流的价值取向,法官需要通过政策性论证方式将刑事政策引入刑事司法裁判。实质违法性的评价成为刑法的法益保护的机能与刑事政策目标贯通的连接点。在实质违法性中引入刑事政策的分析,可以充分展示刑事司法的与时俱进。[2] 法官通过社会危害性衡量的价值判断,将刑事政策契合在具体的案件事实基础上。

另一方面,法官通过逻辑推理司法技术实现刑事政策契合于刑法裁判规范,将刑事政策融入司法裁判。如何建构具体案件的裁判规范,则有赖于逻辑推理。逻辑推理是从已知事实出发,按照一定的逻辑规律,推导出新的判断。在司法裁判中,演绎推理和归纳推理是常用的推理方式。在刑事案件审理过程中,法官关注案件事实、刑法规范和裁判结论之间的逻辑关联性,是一个演绎推理的过程。通过逻辑推理使政策因素与刑法文本相结合,通过法官的价值判断将政策因素合理地融入刑法裁判规范,以此来作为刑事司法裁判的大前提。

三、增强法官在民事审判中的政策说理

法官作出司法裁判的过程就是在查明案件事实的情况下,寻

[1] 参见张心向:《在遵从与超越之间:社会学视域下刑法裁判规范实践建构研究》,法律出版社 2012 年版,第 299 页。

[2] 参见孙国祥:《论司法中刑事政策与刑法的关系》,载《法学论坛》2013 年第 6 期。

找合适的法律规范，并以案件事实和法律规范为基础，作出裁判结论的过程。[1] 司法裁判在形成过程中，法官一方面要严格依法裁判，另一方面要对裁判结论进行充分说理，以证明裁判的合理性与正当性。[2] 党的十八届三中全会提出了“增强法律文书说理性，推动公开法院生效裁判文书”的要求，最高人民法院颁布的《四五改革纲要》也专门在“健全审判权力运行机制”部分对裁判文书说理作了进一步细化安排，提出了一系列改革举措。裁判文书说理能够最大限度地保证当事人对司法决策过程的实质性参与，其本质上是法治社会发展的内在需求促使其由合理性向制度合法性转换。在裁判文书中运用政策进行说理既是权力公开化策略的一种昭示，也是司法职能转化的内在要求。[3] 在裁判文书中加强释法说理：一方面可以彰显法官的裁判思路，规范法官自由裁量权的行使，促进法官公正司法，增强司法裁判的权威性；另一方面也有助于提高司法公信力与透明度，提高司法裁判的可接受性。

裁判文书说理问题已经成为中国司法改革中的一道难题，这道难题对于运用政策说理的法官来说尤为困难。在司法审判实践中，法官虽然在大量案件中运用政策进行裁判，但普遍存在“不愿说理”“不会说理”“不敢说理”“不善说理”“说理不清”等问题。有的法官运用政策时甚至干脆不说理，影响了裁判质量和效果。针对以上问题，需要从以下几个方面增强法官在民事审判中的政策说理。

---

〔1〕 参见潘自强、邵新：《裁判文书说理：内涵界定与原则遵循》，载《法治研究》2018 年第 4 期。

〔2〕 参见于洋：《论社会主义核心价值观的司法适用》，载《法学》2019 年第 5 期。

〔3〕 参见万毅、林喜芬：《从“无理”的判决到判决书“说理”——判决书说理制度的正当性分析》，载《法学论坛》2004 年第 5 期。

(一)采用多元化的法律方法提升法官运用政策说理的能力

法官精准理解政策是运用政策进行说理的前提。只有准确把握政策精神实质和政策出台背景才能将党的政策转化为法律话语并在裁判文书中准确表达。法官只有对政策内容和政策目标有了正确的认知,才能正确理解党的意图,提升政策执行效果。在精准理解政策的基础上,应当从两个方面提升法官运用政策说理的能力。

一方面,法官需要利用法律解释方法提升政策说理的充分性。现代司法裁判首先应在法律规范体系内部运作,保持一定的封闭性,警惕政策等因素不适当介入,以保持法律适用方法的纯粹性。然而,我国司法参与社会治理的功能、司法运行的政治逻辑等客观现实基础,也使得司法服务于治理,服务于大局,从而使得政策介入司法成为必然。[1] 但政策过度介入司法会冲击司法的自治性。因此,须在法律体系的封闭和开放之间把握合理的尺度。法律解释方法为法律体系封闭性与适度开放性之间的动态平衡提供了方法论工具。[2] 法官运用政策进行裁判说理,需要经过一定的加工程序,提炼政策所体现的法理,将政策的政治语言转化为裁判正当性理据之法理,并按照法律适用方法的要求把政策引入司法裁判。法律解释方法能够有效地勾连法律规范与案件事实。[3] 合理运用法律解释方法提升政策说理的充分性,可以减轻政策带来的风险。法官应当从以下两个方面利用法律解释方法提升运用政策说理的

---

〔1〕 孟融:《我国法院执行公共政策的机制分析——以法院为"一带一路"建设提供保障的文件为分析对象》,载《政治与法律》2017 年第 3 期。

〔2〕 参见闫朋:《"法理解释"的方法论证成及其裁判适用》,载《法治现代化研究》2020 年第 4 期。

〔3〕 于洋:《论社会主义核心价值观的司法适用》,载《法学》2019 年第 5 期。

充分性:一是运用文义解释方法解释政策的内涵。为加强政策说理能力,法官需要对运用于个案的政策进行文义解读,展现案件事实语境下政策的内涵,勾连政策与案件事实。二是借助目的解释方法阐释法律规范目的,勾连政策与法律规范。当前,一部分党的政策已经转化为法律的"目的条款",但仍有很多未转化为法律目的条款的政策。法官可以运用目的解释方法,以"是否符合党的政策"为裁判的出发点,将政策作为解释法律目的的资源。需要注意的是,借助目的解释方法应该使"目的"明确化,明确政策与法律规范内在目的之间的关联,而并非将符合政策要求视为法律目的。[1]

另一方面,法官需要注重推理过程以增强裁判论证的层次性。法官在司法裁判中说理"简单化""碎片化",集中表现为论证缺乏层次性。对此,可以通过以下两个方面增强法官在裁判文书中运用政策论证的层次性:一是说理依据的层次化。最高人民法院《关于裁判文书引用法律、法规等规范性法律文件的规定》扩大了裁判说理法律依据的范围,即正式法律渊源加非正式法律渊源的论证模式。[2] 法官的裁判结论依赖于传统的三段论逻辑,建构三段论推理的前提必然是明确的。如果将政策作为推理的前提,将为裁判的前提带来不确定性。这就需要结合其他法律规范及其案件事实探寻政策的语境含义。为此,应当改变直接适用政策模式,将法律规范作为第一层说理依据,将政策作为第二层说理依据,两者相结合以增强裁判结论的正当性。二是注重推理过程的层次性。"裁判文书说理要围绕证据审查判断、事实认定、法律适用进行说

[1] 参见于洋:《论社会主义核心价值观的司法适用》,载《法学》2019 年第 5 期。

[2] 参见胡仕浩、刘树德:《裁判文书释法说理:类型划分与重点聚焦——〈关于加强和规范裁判文书释法说理的指导意见〉的理解与适用(中)》,载《人民司法(应用)》2018 年第 28 期。

理，反映推理过程，做到层次分明。”[1]因此法官运用政策说理的过程中，既要运用政策对裁判的大前提进行辅助论证，又要结合政策对小前提进行事实上的裁剪，进而形成三段论推理的链条。同时要紧紧以个案为基础，围绕案件的诉讼主张和诉讼争点，结合庭审情况进行推理，增加推理过程的层次性。[2]

（二）建立裁判文书运用政策说理的保障机制与激励机制

法官不愿、不敢说理主要是基于对责任承担和职业压力的担忧。法官在裁判文书中说理简单化也是法官规避风险的一种选择。当前，中央文件已明确规定，完善法官职业保障，保障法官依法履职，非因法定事由、非经法定程序，不得将法官调离、免职、辞退或者作出降级、撤职等处分。裁判文书说理，与裁判结果一样，同属于民事裁判中的核心事项。对说理错误进行追责或惩戒性的评价，应当保持在适度范围之内，如果民事裁判结果并不属于错案的范畴，即使裁判文书说理中存在错误或不当，也不能依此将其列入错案责任追究的事由。对于属于说理瑕疵的问题，可以通过日常审判管理、业绩考核等手段来指出瑕疵，或通过裁判文书补正的方式来修正瑕疵，促进法官提高裁判文书说理能力。在建立激励机制方面，探索民事裁判文书说理的考核评价体系，各地法院可以采取物质奖励、精神奖励、优秀文书评比表彰、典型案例宣传编印等措施，增加法官充分说理的动力，将裁判文书说理水平作为法官业绩考核的重要内容，对说理水平高的法官可以优先评先评优和晋升选升，对说理不充分、不透彻的法官形成倒逼机制。

---

[1] 雷磊：《从“看得见的正义”到“说得出的正义”——基于最高人民法院〈关于加强和规范裁判文书释法说理的指导意见〉的解读与反思》，载《法学》2019年第1期。

[2] 参见于洋：《论社会主义核心价值观的司法适用》，载《法学》2019年第5期。

（三）积极落实裁判文书繁简分流改革

为切实缓解“案多人少”矛盾，最高人民法院出台了《关于进一步推进案件繁简分流优化司法资源配置的若干意见》。民事案件繁简分流要求：科学调配和高效运用审判资源，依法快速审理简单案件，严格规范审理复杂案件，实现简案快审、繁案精审；根据案件事实、法律适用、社会影响等因素，选择适用适当的审理程序，做到该繁则繁，当简则简，繁简得当，努力以较小的司法成本取得较好的法律效果。

裁判文书需要充分的说理是不言而喻的，但并非每一份裁判文书都需要详细的说理。最高人民法院《关于进一步推进案件繁简分流优化司法资源配置的若干意见》对推进裁判文书的繁简分流提出了明确要求，从提高审判质量和效力的角度，对裁判文书说理实行繁简分流，把裁判文书说理的重点聚焦在疑难复杂案件的说理上。加强对重大、疑难、复杂案件，当事人争议较大、法律关系复杂、社会关注度较高的一审案件，以及所有的二审案件、再审案件、审判委员会讨论决定的案件的裁判文书的说理性。对于大量事实清楚，法律关系相对简单且采用速裁、简易程序审理的案件，要求裁判文书说理从简。这样一来，可以使法官把有限的时间精力主要放在繁案精写上，从而可以极大地优化司法资源，提高司法效率，有效破解法官因面对的因案多人少的巨大压力而无暇说理的困境。

结　语

我国法院不仅具有“定分止争”的审判功能，而且具有服务大局的政治功能。服务大局意味着人民法院承担着将党的政策司法化的使命和任务。政策司法化是一个具有中国特色的理论命题。研究这个问题，我们必须从中国国情和司法实际出发，以中国特色社会主义司法理论为指导，准确把握中国国情和中国司法的客观规律，科学认识和精确处理其中的辩证关系。本书以法律政治学的理论和方法，就政策司法化的重大理论和实践问题进行理论反思和实践建言，以期解决中国司法实践中法院以及法官面临的现实问题，破解在坚持党的领导和依法独立公正审判问题上的认识误区和理论困惑，推进中国特色社会主义司法理论与时俱进、创新发展。

在中国特色社会主义新时代，国家治理体系和治理能力现代化进程不断加快，司法体制改革持续推进，人民法院政策司法化过程逐渐趋于法治化与规范化。但是，在实践中，政策司法化面临许多新情况、新问题，亟须从理论上进行澄清，从制度上进行构建，从实践中进行创新。本书的预期目的在于为党的政策司法化提供学理支撑，为建设公正、高效、权威的社会主义司法制度尽一份绵薄之力。当然，鉴于政策司法化是一个重大的法律政治学问题，是法律政治学的核心问题，囿于笔者学识和实践的双重局限，本书的研究只是初步、肤浅的研究，相关具体问题将在后续研究中加以深化和拓展。

参 考 文 献

一、中文著作

[1]《毛泽东选集》(第3卷),人民出版社1991年版。

[2]《毛泽东选集》(第5卷),人民出版社1977年版。

[3]《毛泽东文集》(第6卷),人民出版社1999年版。

[4]《邓小平文选》(第2卷),人民出版社1994年版。

[5]《邓小平文选》(第3卷),人民出版社1993年版。

[6]中共中央文献研究室编:《习近平关于全面依法治国论述摘编》,中央文献出版社2015年版。

[7]《习近平谈治国理政》(第1卷),外文出版社2014年版。

[8]《习近平谈治国理政》(第2卷),外文出版社2017年版。

[9]《习近平谈治国理政》(第3卷),外文出版社2020年版。

[10]张文显主编:《法理学》,高等教育出版社2018年版。

[11]张文显:《法治与法治国家》,法律出版社2011年版。

[12]张文显:《法的概念》,法律出版社2011年版。

[13]张文显:《司法理念与司法改革》,法律出版社2011年版。

[14]张文显:《司法的实践理性》,法律出版社2016年版。

[15]张文显:《法治中国的理论建构》,法律出版社2016年版。

[16]张文显主编:《中国特色社会主义司法理论体系研究》,法律出版社2014年版。

[17]张文显:《法哲学范畴研究》,中国政法大学出版社 2001 年版。

[18]张文显:《二十世纪西方法哲学思潮研究》,法律出版社 2006 年版。

[19]张文显:《法哲学通论》,辽宁人民出版社 2009 年版。

[20]张文显主编:《人民法院为大局服务　为人民司法的理论与实践》,人民法院出版社 2010 年版。

[21]高其才等:《政治司法:1949～1961 年的华县人民法院》,法律出版社 2009 年版。

[22]俞可平主编:《中国治理变迁 30 年:1978－2008》,社会科学文献出版社 2008 年版。

[23]俞可平、李侃如等:《中国的政治发展》,社会科学文献出版社 2013 年版。

[24]俞可平主编:《依法治国与依法治党》,中央编译出版社 2007 年版。

[25]俞可平:《论国家治理现代化》,社会科学文献出版社 2014 年版。

[26]俞可平:《政治与政治学》,社会科学文献出版社 2003 年版。

[27]张恒山等:《法治与党的执政方式研究》,法律出版社 2004 年版。

[28]张恒山:《法理要论》,北京大学出版社 2006 年版。

[29]张金马主编:《政策科学导论》,中国人民大学出版社 1992 年版。

[30]陈庆云主编:《公共政策分析》,北京大学出版社 2011 年版。

[31]陈振明主编:《政策科学——公共政策分析导论》,中国人

民大学出版社 2003 年版。

[32]陈振明编:《公共政策学——政策分析的理论、方法和技术》,中国人民大学出版社 2004 年版。

[33]汪玉凯主编:《现代政治学》,陕西人民出版社 1989 年版。

[34]王利明:《司法改革研究》,法律出版社 2000 年版。

[35]王浦劬等:《政治学基础》,北京大学出版社 2006 年版。

[36]王人博、程燎原:《法治论》,山东人民出版社 2004 年版。

[37]王韶兴主编:《政党政治论》,山东人民出版社 2011 年版。

[38]刘思萱:《政策对我国司法裁判的影响——基于民商事审判的实证研究》,中国政法大学出版社 2016 年版。

[39]左卫民等:《最高法院研究》,法律出版社 2004 年版。

[40]张明楷:《刑法分则的解释原理》(第 2 版),中国人民大学出版社 2011 年版。

[41]徐岱:《刑法解释学基础理论建构》,法律出版社 2010 年版。

[42]周国雄:《博弈:公共政策执行力与利益主体》,华东师范大学出版社 2008 年版。

[43]胡夏冰:《司法权:性质与构成的分析》,人民法院出版社 2003 年版。

[44]金太军:《公共政策执行梗阻与消解》,广东人民出版社 2005 年版。

[45]刘星:《司法的逻辑:实践中的方法与公正》,中国法制出版社 2015 年版。

[46]公丕祥主编:《新时代全面依法治国的新征程》,法律出版社出版 2018 年版。

[47]公丕祥主编:《新发展理念与中国法治现代化》,法律出版社出版 2017 年版。

[48]公丕祥主编:《中国法治现代化报告(2019)》,社会科学文献出版社 2019 年版。

[49]葛洪义主编:《法律方法与法律思维》(第 4 辑),法律出版社出版 2007 年版。

[50]杜健荣:《卢曼法社会学理论研究:以法律与社会的关系问题为中心》,法律出版社 2012 年版。

[51]公丕祥:《当代中国能动司法的理论与实践》,法律出版社 2012 年版。

[52]侯猛:《中国最高人民法院研究——以司法的影响力切入》,法律出版社 2007 年版。

[53]闫健:《中国共产党转型与中国的变迁——海外学者视角评析》,中央编译出版社 2013 年版。

[54]程竹汝:《司法改革与政治发展》,中国社会科学出版社 2001 年版。

[55]程竹汝:《依法治国与深化司法体制改革》,上海人民出版社 2014 年版。

[56]范愉、黄娟、彭小龙:《司法制度概论》,中国人民大学出版社 2013 年版。

[57]季卫东:《法治秩序的建构》,中国政法大学出版社 1999 年版。

[58]陈光中等:《中国司法制度的基础理论问题研究》,经济科学出版社 2010 年版。

[59]胡夏冰、冯仁强编:《司法公正与司法改革研究综述》,清华大学出版社 2001 年版。

[60]黄竹胜:《司法权新探》,广西师范大学出版社 2003 年版。

[61]刘练军:《司法要论》,中国政法大学出版社 2013 年版。

[62]孙笑侠:《司法的特征》,法律出版社 2016 年版。

[63]汪习根主编:《司法权论——当代中国司法权运行的目标模式、方法与技巧》,武汉大学出版社 2006 年版。

[64]江必新:《司法审判工作的理念、政策与机制》,人民法院出版社 2019 年版。

[65]江必新:《刑事审判工作的理念、政策与机制》,人民法院出版社 2019 年版。

[66]江必新:《民事审判工作的理念、政策与机制》,人民法院出版社 2019 年版。

[67]江必新:《行政审判工作的理念、政策与机制》,人民法院出版社 2019 年版。

[68]钱锋主编:《司法理念发展与实务创新》,法律出版社 2015 年版。

[69]邹川宁:《司法理念是具体的》,人民法院出版社 2012 年版。

[70]田幸主编:《当代中国的司法体制改革》,法律出版社 2017 年版。

[71]季卫东等:《中国的司法改革:制度变迁的路径依赖与顶层设计》,法律出版社 2016 年版。

[72]孙佑海主编:《我国司法改革回顾与展望》,中国法制出版社 2019 年版。

[73]张大海:《新时期司法政策实证研究》,中国政法大学出版社 2014 年版。

[74]苟鹏:《经济公共政策与司法裁判的互动机制研究》,厦门大学出版社 2012 年版。

[75]黄韬:《公共政策法院:中国金融法制变迁的司法维度》,法律出版社 2013 年版。

[76]杨临萍主编:《人民法院法律适用与司法政策审判指导与

参考》,法律出版社 2019 年版。

[77]徐昕:《司法(第十辑):错案、申冤与司法政策专号》,厦门大学出版社 2016 年版。

[78]宋建宝:《司法政策与案件裁判》,法律出版社 2018 年版。

[79]刘思萱:《政策对我国司法裁判的影响——基于民商事审判的实证研究》,中国政法大学出版社 2016 年版。

[80]周玉华主编:《宽严相济刑事政策与司法机制完善研究》,人民法院出版社 2010 年版。

[81]谢望原、卢建平等:《中国刑事政策研究》,中国人民大学出版社 2006 年版。

[82]严励:《中国刑事政策的构建理性》,中国政法大学出版社 2010 年版。

[83]曲新久:《刑事政策的权力分析》,中国政法大学出版社 2002 年版。

[84]蒋熙辉等:《刑事政策之反思与改进》,中国社会科学出版社 2008 年版。

[85]张亚平:《宽严相济:刑事政策方略研究》,中国检察出版社 2008 年版。

[86]周建军:《刑事司法政策原理》,清华大学出版社 2011 年版。

[87]刘敏:《当代中国民事诉讼调解率变迁研究》,中国政法大学出版社 2013 年版。

[88]张嘉军:《民事诉讼调解政策研究》,郑州大学出版社 2011 年版。

[89]李德恩:《民事调解理论系统化研究》,中国法制出版社 2012 年版。

[90]赵运锋:《宽严相济刑事政策司法适用研究》,中国法制出

版社 2011 年版。

[91]洪浩:《法律解释的中国范式:造法性司法解释研究》,北京大学出版社 2017 年版。

[92]孙佑海等:《司法解释的理论与实践研究》,中国法制出版社 2019 年版。

[93]陈兴良主编:《中国案例指导制度研究》,北京大学出版社 2014 年版。

[94]左卫民、陈明国主编:《中国特色案例指导制度研究》,北京大学出版社 2014 年版。

[95]张骐等:《中国司法先例与案例指导制度研究》,北京大学出版社 2016 年版。

[96]本书编写组编:《〈中共中央关于全面深化改革若干重大问题的决定〉辅导读本》,人民出版社 2013 年版。

[97]本书编写组编:《十一届三中全会以来历次党代会、中央全会报告 公报 决议 决定》,中国方正出版社 2008 年版。

[98]中共中央文献研究室编:《十八大以来重要文献选编》(上),中央文献出版 2014 年版。

[99]中共中央文献研究室编:《十七大以来重要文献选编》(上),中央文献出版 2009 年版。

[100]中共中央文献研究室编:《十六大以来重要文献选编》(中),中央文献出版 2006 年版。

[101]中共中央文献研究室编:《十五大以来重要文献选编》(上),人民出版社 2000 年版。

[102]中共中央文献研究室编:《十四大以来重要文献选编》(中),人民出版社 1997 年版。

[103]最高人民法院办公厅编:《党的十八大以来最高人民法院司法政策性文件选编》,人民法院出版社 2018 年版。

[104]最高人民法院研究室编:《司法文件选解读(2018年精选集)》,人民法院出版社2018年版。

[105]最高人民法院研究室编:《司法文件选解读(2017年精选集)》,人民法院出版社2018年版。

二、中文译著

[1][德]尼克拉斯·卢曼:《法社会学》,宾凯、赵春燕译,上海人民出版社2013年版。

[2][法]孟德斯鸠:《论法的精神》,张雁深译,商务印书馆1961年版。

[3][美]本杰明·卡多佐:《司法过程的性质》,苏力译,商务印书馆1997年版。

[4][美]E.博登海默:《法理学:法律哲学与法律方法》,邓正来译,中国政法大学出版社1999年版。

[5][美]米尔伊安·R.达玛什卡:《司法和国家权力的多种面孔——比较视野中的法律程序》,郑戈译,中国政法大学出版社2004年版。

[6][奥]凯尔森:《法与国家的一般理论》,沈宗灵译,中国大百科全书出版社1996年版。

[7][美]劳伦斯·M.费里德曼:《法律制度——从社会科学的角度观察》,李琼英等译,中国政法大学出版社2004年版。

[8][美]理查德·波斯纳:《波斯纳法官司法反思录》,苏力译,北京大学出版社2014年版。

[9][美]理查德·波斯纳:《法官如何思考》,苏力译,北京大学出版社2009年版。

[10][美]理查德·波斯纳:《法理学问题》,苏力译,中国政法大学出版社2002年版。

[11][美]理查德·波斯纳:《各行其是:法学与司法》,苏力、

邱遥堃译,中国政法大学出版社2017年版。

[12][美]R. M. 昂格尔:《现代社会中法律》,吴玉章等译,译林出版社2008年版。

[13][美]罗纳德·德沃金:《认真对待权利》,信春鹰、吴玉章译,中国大百科全书出版社1998年版。

[14][美]P. 诺内特、[美]P. 塞尔兹尼克原著:《转变中的法律与社会:迈向回应型法》,张志铭译,中国政法大学出版社2004年版。

[15][美]唐·布莱克:《社会学视野中的司法》(中英文对照),郭星华等译,法律出版社2002年版。

[16][美]托马斯·R. 戴伊:《理解公共政策》,彭勃等译,华夏出版社2004年版。

三、期刊论文

[1]张文显:《新时期政法工作的实践辩证法》,载《法制与社会发展》2014年第2期。

[2]张文显:《新思想引领法治新征程——习近平新时代中国特色社会主义思想对依法治国和法治建设的指导意义》,载《法学研究》2017年第6期。

[3]张文显:《运用法治思维和法治方式治国理政》,载《社会科学家》2014年第1期。

[4]张文显:《中国法治40年:历程、轨迹和经验》,载《人民法治》2018年第12期。

[5]张文显、孙妍:《中国特色社会主义司法理论体系初论》,载《法制与社会发展》2012年第6期。

[6]张文显:《法治与国家治理现代化》,载《中国法学》2014年第4期。

[7]张文显:《全面推进法制改革,加快法治中国建设——十八

届三中全会精神的法学解读》,载《法制与社会发展》2014 年第 1 期。

[8]张文显:《人民法院司法改革的基本理论与实践进程》,载《法制与社会发展》2009 年第 3 期。

[9]张文显:《司法改革的政治定性》,载《法制与社会发展》2014 年第 6 期。

[10]张文显:《司法文明新的里程碑——2012 刑事诉讼法的文明价值》,载《法制与社会发展》2013 年第 2 期。

[11]张文显:《习近平法治思想研究(上)——习近平法治思想的鲜明特征》,载《法制与社会发展》2016 第 2 期。

[12]张文显:《习近平法治思想研究(中)——习近平法治思想的一般理论》,载《法制与社会发展》2016 年第 3 期。

[13]张文显:《习近平法治思想研究(下)——习近平全面依法治国的核心观点》,载《法制与社会发展》2016 年第 4 期。

[14]张文显:《新时代全面依法治国的思想、方略和实践》,载《中国法学》2017 年第 6 期。

[15]张文显:《新时代中国法治改革的理论与实践》,载《法治现代化研究》2018 年第 6 期。

[16]黄文艺:《中国政法体制的规范性原理》,载《法学研究》2020 年第 4 期。

[17]黄文艺:《新时代政法改革论纲》,载《中国法学》2019 年第 4 期。

[18]汪习根:《论法治中国的科学含义》,载《中国法学》2014 年第 2 期。

[19]汪习根:《法治中国的道路选择——党的“十九大”全面依法治国思想解读》,载《法学杂志》2018 年第 1 期。

[20]汪习根:《论法治中国的实践之维》,载《江西社会科学》2014 年第 8 期。

［21］安晨曦:《规范性司法文件的权威体系与概念分层》,载《甘肃政法学院学报》2020 年第 2 期。

［22］安晨曦:《司法文件:法律虚置后的裁判非正式规则——规则供给与文件政治的二重读解》,载《湖北社会科学》2016 年第 9 期。

［23］卞建林、谢澍:《刑事诉讼法治建设七十年回顾与展望》,载《人民检察》2019 年第 14 期。

［24］陈柏峰:《党政体制如何塑造基层执法》,载《法学研究》2017 年第 4 期。

［25］陈光中、步洋洋:《审判中心与相关诉讼制度改革初探》,载《政法论坛》2015 年第 2 期。

［26］陈光中、龙宗智:《关于深化司法改革若干问题的思考》,载《中国法学》2013 年第 4 期。

［27］陈光中、魏晓娜:《论我国司法体制的现代化改革》,载《中国法学》2015 年第 1 期。

［28］陈光中:《严打与司法公正的几个问题》,载《中国刑事法杂志》2002 年第 2 期。

［29］陈金钊:《文义解释:法律方法的优位选择》,载《文史哲》2005 年第 6 期。

［30］陈琦华:《当代中国司法政治功能内涵及其价值》,载《政治与法律》2013 年第 1 期。

［31］陈瑞华:《法院改革的中国经验》,载《政法论坛》2016 年第 4 期。

［32］陈伟:《刑事立法的政策导向与技术制衡》,载《中国法学》2013 年第 3 期。

［33］陈兴良:《宽严相济刑事政策研究》,载《法学杂志》2006 年第 1 期。

[34]陈兴良:《我国案例指导制度功能之考察》,载《法商研究》2012 年第 2 期。

[35]陈兴良:《形式解释论的再宣示》,载《中国法学》2010 年第 4 期。

[36]程竹汝:《论依法治国条件下党与司法的关系》,载《政治与法律》2001 年第 4 期。

[37]丁轶:《权利保障中的“组织失败”与“路径依赖”——对于“运动式治理”的法律社会学考察》,载《法学评论》2016 年第 2 期。

[38]樊崇义:《“把握司法规律推进司法改革”系列之实现司法规律的普适性与独特性》,载《人民法治》2016 年第 12 期。

[39]范愉:《调解的重构(上)——以法院调解的改革为重点》,载《法制与社会发展》2004 年第 2 期。

[40]范愉:《调解的重构(下)——以法院调解的改革为重点》,载《法制与社会发展》2004 年第 3 期。

[41]范愉:《客观、全面地认识和对待调解》,载《河北学刊》2006 年第 6 期。

[42]方乐:《非制度化因素对法院就地化解纠纷的影响及其意涵——内在视角的考察》,载《法律科学(西北政法大学学报)》2019 年第 5 期。

[43]方乐:《司法参与公共治理的方式、风险与规避——以公共政策司法为例》,载《浙江社会科学》2018 年第 1 期。

[44]方乐:《司法说理的市场结构与模式选择——从判决书的写作切入》,载《法学》2020 年第 3 期。

[45]丰旭泽:《论通过司法程序制定公共政策——兼论最高人民法院司法解释模式的转型》,载《政治与法律》2015 年第 1 期。

[46]葛洪义:《“法治中国”的逻辑理路》,载《法制与社会发

展》2013 年第 5 期。

[47]葛洪义:《多中心时代的“地方”与法治》,载《法律科学(西北政法大学学报)》2016 年第 5 期。

[48]公丕祥:《经济新常态下供给侧改革的法治逻辑》,载《法学》2016 年第 7 期。

[49]公丕祥:《新发展理念:中国法治现代化的战略引领》,载《法治现代化研究》2017 年第 1 期。

[50]公丕祥:《新时代中国法治现代化的战略安排》,载《中国法学》2018 年第 3 期。

[51]公丕祥:《新时代中国司法现代化的理论指南》,载《法商研究》2019 年第 1 期。

[52]公丕祥:《中国特色社会主义法治理论的探索之路》,载《朝阳法律评论》2017 年第 1 期。

[53]谷川:《高级人民法院“司法解释性文件”的功能分析》,载《河北法学》2016 年第 2 期。

[54]顾培东:《当代中国司法生态及其改善》,载《法学研究》2016 年第 2 期。

[55]顾培东:《人民法院改革取向的审视与思考》,载《法学研究》2020 年第 1 期。

[56]郭松:《司法文件的中国特色与实践考察》,载《环球法律评论》2018 年第 4 期。

[57]何博、夏立安:《地方法院“造法”的逻辑——以温州等地宅基地流转试验为切入点》,载《政治与法律》2012 年第 2 期。

[58]侯猛:《“党与政法”关系的展开——以政法委员会为研究中心》,载《法学家》2013 年第 2 期。

[59]侯明明:《中国司法回应社会的方式、策略及其风险与出路》,载《法商研究》2020 年第 1 期。

[60]胡仕浩、刘树德:《裁判文书释法说理:类型划分与重点聚焦——〈关于加强和规范裁判文书释法说理的指导意见〉的理解与适用(中)》,载《人民司法(应用)》2018 年第 28 期。

[61]胡仕浩、刘树德:《裁判文书释法说理:原则、目的与价值——〈关于加强和规范裁判文书释法说理的指导意见〉的理解与适用(上)》,载《人民司法(应用)》2018 年第 25 期。

[62]胡仕浩、刘树德:《新时代裁判文书释法说理的制度构建与规范诠释(下)——〈关于加强和规范裁判文书释法说理的指导意见〉的理解与适用》,载《法律适用(司法案例)》2018 年第 16 期。

[63]胡玉鸿:《试论司法权威的外在基础》,载《华东政法大学学报》2013 年第 6 期。

[64]胡玉鸿:《习近平公正司法思想探微》,载《法学》2018 年第 6 期。

[65]胡玉鸿:《尊重法律:司法解释的首要原则》,载《华东政法大学学报》2010 年第 1 期。

[66]黄韬:《"全国"金融市场与"地方"法院——中国金融司法的央、地关系视角》,载《法学评论》2016 年第 3 期。

[67]黄韬:《最高人民法院的司法文件:现状、问题与前景》,载《法学论坛》2012 年第 4 期。

[68]季焕爽、曲洋逸:《论人民法院案例指导制度与司法解释制度之关系定位》,载《公民与法(法学版)》2012 年第 11 期。

[69]江必新:《正确认识司法与政治的关系》,载《求是》2009 年第 24 期。

[70]江国华、周海源:《司法理性的职业性与社会性——以裁判效果为视角》,载《学习与探索》2015 年第 2 期。

[71]江国华:《司法规律层次论》,载《中国法学》2016 年第 1 期。

[72]江国华:《转型中国的司法价值观》,载《法学研究》2014年第1期。

[73]姜涛:《死缓限制减刑适用中的“民间矛盾”——从首批刑法指导案例切入》,载《政治与法律》2015年第4期。

[74]姜涛:《刑法解释的刑事政策化》,载《刑事法评论》2012年第1期。

[75]蒋敏:《协调与指导:上下级法院审判监督关系探究》,载《法律适用》2018年第17期。

[76]金枫梁:《裁判文书援引学说的基本原理与规则建构》,载《法学研究》2020年第1期。

[77]瞿郑龙:《当代中国法治建设的政治逻辑——以证成性与正当性为分析框架》,载《法制与社会发展》2014年第6期。

[78]孔祥俊:《裁判中的法律、政策与政治——以知识产权审判为例》,载《人民司法》2008年第13期。

[79]孔祥俊:《论裁判的逻辑标准与政策标准——以知识产权法律适用问题为例》,载《法律适用》2007年第9期。

[80]孔祥俊:《论法律效果与社会效果的统一 一项基本司法政策的法理分析》,载《法律适用》2005年第1期。

[81]赖平:《新中国刑事政策演进研究》,载《人民论坛》2010年第20期。

[82]劳东燕:《罪刑规范的刑事政策分析——一个规范刑法学意义上的解读》,载《中国法学》2011年第1期。

[83]雷磊:《从“看得见的正义”到“说得出的正义”——基于最高人民法院〈关于加强和规范裁判文书释法说理的指导意见〉的解读与反思》,载《法学》2019年第1期。

[84]雷磊:《指导性案例法源地位再反思》,载《中国法学》2015年第1期。

[85]李超:《指导性案例:公共政策的一种表达方式》,载《法律适用》2014 年第 6 期。

[86]李冠煜:《公共政策介入刑事法治实践研究:路径、判例与方法》,载《人大法律评论》2018 年第 2 期。

[87]李森:《刑事指导性案例同司法解释的关系——补充说的证成》,载《齐鲁学刊》2017 年第 3 期。

[88]李树忠:《迈向"实质法治"——历史进程中的十八届四中全会〈决定〉》,载《当代法学》,2015 年第 1 期。

[89]李希慧、焦阳:《刑事政策与刑法解释的关系简论》,载《中南民族大学学报(人文社会科学版)》2014 年第 3 期。

[90]李翔:《论刑事司法政策司法解释过度化的弊端及其反思》,载《法治研究》2014 年第 8 期。

[91]历尽国:《司法裁决证立过程中的法律修辞——以"李庄案"判决书为素材》,载《北方法学》2011 年第 1 期。

[92]廖丽环:《最高人民法院参与公共政策的路径选择》,载《烟台大学学报(哲学社会科版)》2018 年第 4 期。

[93]林维:《刑事案例指导制度:价值、困境与完善》,载《中外法学》2013 年第 3 期。

[94]刘树德:《最高人民法院司法规则的供给模式——兼论案例指导制度的完善》,载《清华法学》2015 年第 4 期。

[95]刘伟琦:《污染环境罪司法解释与刑法原理的背离及其矫正》,载《河北法学》2019 年第 7 期。

[96]刘艳红、刘浩:《社会主义核心价值观对指导性案例形成的作用——侧重以刑事指导性案例为视角》,载《法学家》2020 年第 1 期。

[97]刘艳红:《治理能力现代化语境下疫情防控中的刑法适用研究》,载《比较法研究》2020 年第 2 期。

[98]刘作翔:《对“法律与政治”关系的几点思考》,载《法制与社会展》2014 年第 5 期。

[99]龙宗智:《转型期的法治与司法政策》,载《法商研究》2007 年第 2 期。

[100]卢建平:《刑事政策与刑法关系论纲》,载《法治研究》2011 年第 5 期。

[101]罗梅、寻锴:《司法规律的理论和现实问题——十八大以来的司法规律研究文献综述》,载《法制与社会发展》2015 年第 3 期。

[102]马长山:《法律的空间“穿越”及其风险——从两高办理网络诽谤等刑事案件的司法解释出发》,载《苏州大学学报(法学版)》2014 年第 4 期。

[103]马超、于晓虹、何海波:《大数据分析:中国司法裁判文书上网公开报告》,载《中国法律评论》2016 年第 4 期。

[104]孟融:《我国法院执行公共政策的机制分析——以法院为“一带一路”建设提供保障的文件为分析对象》,载《政治与法律》2017 年第 3 期。

[105]孟融:《中国法院如何通过司法裁判执行公共政策——以法院贯彻“社会主义核心价值观”的案例为分析对象》,载《法学评论》2018 年第 3 期。

[106]苗炎:《司法解释制度之法理反思与结构优化》,载《法制与社会发展》2019 年第 2 期。

[107]牛克乾:《中国特色指导性案例制度的实然定位与应然方向》,载《人民司法》2015 年第 5 期。

[108]潘丹丹:《法律与政策的关系:政策适用的程序主义限制》,载《湖南社会科学》2013 年第 3 期。

[109]潘自强、邵新:《裁判文书说理:内涵界定与原则遵循》,

载《法治研究》2018 年第 4 期。

[110]泮伟江:《论指导性案例的效力》,载《清华法学》2016 年第 1 期。

[111]泮伟江:《宪法的社会学启蒙——论作为政治系统与法律系统结构耦合的宪法》,载《华东政法大学学报》2019 年第 3 期。

[112]彭巍:《司法规律学术研讨会纪要》,载《法制与社会发展》2015 年第 3 期。

[113]彭中礼:《司法判决中的指导性案例》,载《中国法学》2017 年第 6 期。

[114]彭中礼:《最高人民法院司法解释性质文件的法律地位探究》,载《法律科学(西北政法大学学报)》2018 年第 3 期。

[115]齐恩平、李超:《党的政策、司法政策与民事司法嬗变》,载《学习论坛》2010 年第 12 期。

[116]齐恩平:《“民事政策”的困境与反思》,载《中国法学》2009 年第 2 期。

[117]钱大军、李桂久:《以审判为中心的司法观及其实践要求——一个功能视角的考察》,载《求是学刊》2019 年第 3 期。

[118]钱大军、谢遥:《论案件质量评估制度的功能预期与超负》,载《学习与探索》2017 年第 5 期。

[119]钱大军、薛爱昌:《司法政策的治理化与地方实践的“运动化”——以 2007—2012 年的司法改革为例》,载《学习与探索》2015 年第 2 期。

[120]钱大军、刘明奎:《论法官的裁判文书风险规避策略》,载《广东社会科学》2019 年第 6 期。

[121]秦宗文:《案例指导制度的特色、难题与前景》,载《法制与社会发展》2012 年第 1 期。

[122]桑本谦:《“法律人思维”是怎样形成的——一个生态竞

争的视角》,载《法律和社会科学》2014 年第 1 期。

[123]桑本谦:《法律教义是怎样产生的——基于后果主义视角的分析》,载《法学家》2019 年第 4 期。

[124]施从美:《当代中国文件制度的结构与功能解析》,载《江海学刊》2010 年第 1 期。

[125]石东坡:《作为法治文化的言说与表达:法治话语体系初论——以法治话语体系的界定、生成与对策为对象》,载《甘肃理论学刊》2014 年第 5 期。

[126]石聚航:《刑事政策司法化:历史叙事、功能阐释与风险防范》,载《当代法学》2015 年第 5 期。

[127]宋方青、周宇骏:《"司法机关"的中国语义》,载《法制与社会发展》2018 年第 1 期。

[128]宋方青:《实现司法与政治之间的平衡》,载《法制与社会发展》2014 年第 6 期。

[129]宋亚辉:《公共政策如何进入裁判过程——以最高人民法院的司法解释为例》,载《法商研究》2009 年第 6 期。

[130]宋亚辉:《经济政策对法院裁判思路的影响研究——以涉外贴牌生产案件为素材》,载《法制与社会发展》2013 年第 5 期。

[131]苏戈:《司法的平衡性》,载《人民司法》2019 年第 19 期。

[132]苏力:《司法解释、公共政策和最高法院——从最高法院有关"奸淫幼女"的司法解释切入》,载《法学》2003 年第 8 期。

[133]孙光宁:《指导性案例的文本论证策略》,载《湖北社会科学》2015 年第 11 期。

[134]孙国华、王立峰:《"依法治国与改革和完善党的领导方式和执政方式——以政策与法律关系为中心的考察"》,载《政治学研究》2002 年第 4 期。

[135]孙国祥:《论司法中刑事政策与刑法的关系》,载《法学

论坛》2013 年第 6 期。

[136]孙海波:《“后果考量”与“法条主义”的较量——穿行于法律方法的噩梦与美梦之间》,载《法制与社会发展》2015 年第 2 期。

[137]孙华璞:《关于完善我国司法解释问题的思考》,载《中国应用法学》2017 年第 3 期。

[138]孙立军:《论司法裁判书中的说理性》,载《法律方法》2015 年第 2 期。

[139]孙笑侠、吴彦:《论司法的法理功能与社会功能》,载《中国法律评论》2016 年第 4 期。

[140]孙笑侠:《基于规则与事实的司法哲学范畴》,载《中国社会科学》2016 年第 7 期。

[141]孙笑侠:《论司法多元功能的逻辑关系——兼论司法功能有限主义》,载《清华法学》2016 年第 6 期。

[142]孙笑侠:《司法权的本质是判断权——司法权与行政权的十大区别》,载《法学》1998 年第 8 期。

[143]汪海燕:《“立法式”解释:我国刑事诉讼法解释的困局》,载《政法论坛》2013 年第 6 期。

[144]汪海燕:《中国刑事审判制度发展七十年》,载《政法论坛》2019 年第 6 期。

[145]王德新:《中国调解主导型司法政策的检讨与转型》,载《河南社会科学》2013 年第 12 期。

[146]王国龙:《保障法律统一适用的方法及其途径》,载《上海政法学院学报(法治论丛)》2018 年第 4 期。

[147]王国龙:《捍卫法条主义》,载《法律科学(西北政法大学学报)》2011 年第 4 期。

[148]王国龙:《审判的政治化与司法权威的困境》,载《浙江

社会科学》2013 年第 4 期。

[149]王国龙:《严格司法及其基本原则》,载《法律方法》2018 年第 3 期。

[150]王国龙:《自由裁量及裁量正义的实现》,载《上海政法学院学报(法治论丛)》2020 年第 4 期。

[151]王国龙、王文玉:《裁量理性与司法公信力》,载《山东警察学院学报》2018 年第 6 期。

[152]王立峰、李海滢:《法律合法性的批判与超越——韦伯与哈贝马斯的法政治学思想比较》,载《法制与社会发展》2008 年第 4 期。

[153]王立峰:《法政治学视域下党内法规和国家法律的衔接与协调》,载《吉林大学社会科学学报》2019 年第 3 期。

[154]王强军:《论刑事裁判中的结果导向及其控制》,载《法学》2014 年第 12 期。

[155]王群、杨杰:《司法解释制定科学化:逻辑博弈和一个新的视角——兼论迈向商谈的司法解释制定》,载《河北法学》2020 年第 6 期。

[156]王群:《论司法解释制定中的公众参与》,载《江淮论坛》2018 年第 5 期。

[157]王永茜:《论抽象危险犯的立法界限》,载《刑法论丛》2013 年第 3 期。

[158]王玉薇:《网络犯罪司法解释的困境与出路》,载《法律方法》2017 年第 2 期。

[159]卫磊:《当代刑事政策发展的实践路径——以刑法司法解释为视角》,载《华东政法大学学报》2013 年第 4 期。

[160]魏东:《刑法解释的法理基础:概念、理性、特征与功能》,载《刑法解释》2020 年第 1 期。

[161]魏治勋:《文义解释在法律解释方法中的优位性及其限度》,载《求是学刊》2014 年第 4 期。

[162]吴颖超、吴光侠:《法律统一适用体系研究》,载《法律适用》2020 年第 11 期。

[163]夏克勤:《民事裁判文书说理实证调查——基于 900 篇民事裁判文书的分析》,载《中国应用法学》2018 年第 2 期。

[164]肖金明:《为全面法治重构政策与法律关系》,载《中国行政管理》2013 年第 5 期。

[165]谢晖:《法律至上与国家治理》,载《比较法研究》2020 年第 1 期。

[166]谢小瑶、赵冬:《裁判可接受性的"理想"与"现实"——源于听众理论的启示》,载《南京大学法律评论》2013 年第 1 期。

[167]谢岳:《文件制度:政治沟通的过程与功能》,载《上海交通大学学报(哲学社会科学版)》2007 年第 6 期。

[168]严海良:《作为法治要素的法治原则》,载《金陵法律评论》2015 年第 1 期。

[169]阎二鹏:《共犯行为正犯化及其反思》,载《国家检察官学院学报》2013 年第 3 期。

[170]杨会、何莉苹:《指导性案例供需关系的实证研究》,载《法律适用》2014 年第 2 期。

[171]杨宇冠:《论刑事司法规律》,载《法学杂志》2016 年第 3 期。

[172]姚建宗:《法律的政治逻辑阐释》,载《政治学研究》2010 年第 2 期。

[173]姚建宗:《法治中国建设的一种实践思路阐释》,载《当代世界与社会主义》2014 年第 5 期。

[174]姚建宗:《论法律与政治的共生:法律政治学导论》,载

《学习与探索》2010 年第 4 期。

［175］姚毅奇:《地方司法文件之实践理性分析:以刑事司法文件为例》,载《犯罪研究》2015 年第 2 期。

［176］叶燕杰:《司法政策执行视阈下刑事裁判文书“部分上网”问题》,载《山东大学学报(哲学社会科学版)》2019 年第 2 期。

［177］衣家奇、姚华:《从运动到法治:“严打”刑事政策的理性趋势》,载《甘肃政法学院学报》2004 年第 4 期。

［178］于洋:《论社会主义核心价值观的司法适用》,载《法学》2019 年第 5 期。

［179］张大海:《2008 年以来人民法院司法政策实证研究——以最高人民法院司法解释为主要对象的分析》,载《南阳师范学院学报》2011 年第 5 期。

［180］张海涛:《政治与法律的耦合结构:党内法规的社会系统论分析》,载《交大法学》2018 年第 1 期。

［181］张红:《论国家政策作为民法法源》,载《中国社会科学》2015 年第 12 期。

［182］张继明、李娜、徐芃:《关于司法公开中国模式的调查报告——以裁判文书上网得失为视角》,载《山东法官培训学院学报》2019 年第 6 期。

［183］张明楷:《简评近年来的刑事司法解释》,载《清华法学》2014 年第 1 期。

［184］张明楷:《实质解释论的再提倡》,载《中国法学》2010 年第 4 期。

［185］张骐:《论中国案例指导制度向司法判例制度转型的必要性与正当性》,载《比较法研究》2017 年第 5 期。

［186］张骐:《再论指导性案例效力的性质与保证》,载《法制与社会发展》2013 年第 1 期。

[187]张琪:《再论类似案件的判断与指导性案例的适用——以当代中国法官对指导性案例的使用经验为契口》,载《法制与社会发展》2015 年第 5 期。

[188]张卫平:《法治思维与政治思维》,载《浙江社会科学》2013 年第 12 期。

[189]张卫平:《改革开放四十年民事司法改革的变迁》,载《中国法律评论》2018 年第 5 期。

[190]张心向:《死刑案件裁判中非刑法规范因素考量》,载《中外法学》2012 年第 5 期。

[191]张勇、李紫阳:《利益衡量方法在刑事裁判中的合理适用——以"赵春华非法持枪案"为例》,载《法律适用(司法案例)》2018 年第 4 期。

[192]章程:《论指导性案例的法源地位与参照方式——从司法权核心功能与法系方法的融合出发》,载《交大法学》2018 年第 3 期。

[193]章志远:《党内法规研究方法论探析》,载《法学论坛》2019 年第 4 期。

[194]赵秉志、张伟珂:《新中国刑法司法 70 年:回顾与前瞻》,载《法律适用》2019 年第 19 期。

[195]赵秉志:《和谐社会构建与宽严相济刑事政策的贯彻》,载《吉林大学社会科学学报》2008 年第 1 期。

[196]赵运锋:《刑事政策对刑法解释的影响及反思》,载李明发主编:《安徽大学法律评论》第 2 辑,安徽人民出版社 2012 年版。

[197]郑智航:《法治中国建设的地方试验——一个中央与地方关系的视角》,载《法制与社会发展》2018 年第 5 期。

[198]郑智航:《论最高人民法院裁判规则的形成功能——以最高院民事司法解释为分析对象》,载《法学》2013 年第 11 期。

[199]郑智航:《最高人民法院如何执行公共政策——以应对金融危机的司法意见为分析对象》,载《法律科学(西北政法大学学报)》2014 年第 3 期。

[200]钟瑞庆:《司法与政治——“转型期法治”全国研讨会综述》,载《法制与社会发展》2010 年第 3 期。

[201]周冰:《从要素论到结构论:司法规律的研究转向》,载《甘肃社会科学》2019 年第 2 期。

[202]周雪光:《运动型治理机制:中国国家治理的制度逻辑再思考》,载《开放时代》2012 年第 9 期。

[203]周佑勇:《逻辑与进路:新发展理念如何引领法治中国建设》,载《法制与社会发展》2018 年第 3 期。

[204]邹鹏:《论法律人话语中的规范隐退及其方法论纠正》,载《法律方法》2018 年第 1 期。

[205]左卫民、王婵媛:《基于裁判文书网的大数据法律研究:反思与前瞻》,载《华东政法大学学报》2020 年第 2 期。

[206]左卫民:《迈向大数据法律研究》,载《法学研究》2018 年第 4 期。

[207]左卫民:《实证研究:正在兴起的法学新范式》,载《中国法律评论》2019 年第 6 期。

[208]左卫民:《中国法院院长角色的实证研究》,载《中国法学》2014 年第 1 期。